La Temporalité Interdisciplinaire

Synchroniser les Temporalités pour une collaboration efficace

La Temporalité Interdisciplinaire

Eric Baroni

En application de l'art. L.137-2.-I. du code de la propriété intellectuelle, toute reproduction et/ou divulgation de parties de l'œuvre dépassant le volume prévu par la loi est expressément interdite.

© Eric Baroni, 2024

Relecture : Alexandra Baroni, Linsay Leroy
Correction : Perrine Leroy
Autres contributeurs : Nicolas Delbosc, Lisa Baroni

Édition : BoD · Books on Demand GmbH, In de Tarpen 42, 22848 Norderstedt (Allemagne)
Impression : Libri Plureos GmbH, Friedensallee 273, 22763 Hamburg (Allemagne)

ISBN : 978-2-3224-9752-2
Dépôt légal : décembre 2024

DÉDICACE

À moi-même, et à tous ces entrepreneurs qui, jour après jour, se battent pour donner vie à leurs idées, pour construire, pour résister, et pour avancer. À ceux qui trouvent l'énergie de se relever quand tout semble s'écrouler, qui puisent en eux la force de l'espoir, souvent seuls face aux défis.

À toutes les heures invisibles, aux sacrifices, aux nuits blanches, aux victoires et aux doutes. À ceux qui refusent de lâcher prise malgré les tempêtes.

Aux entreprenants, managers et accompagnants, au personnel du savoir et aux bâtisseurs discrets, qui se donnent sans compter. À ceux qui se battent, au grand jour ou dans l'ombre, pour nourrir et façonner des projets. À ceux qui, tapis dans les couloirs et les placards, portent leurs idées à l'aube sans que leur nom apparaisse en pleine lumière.

Aux oubliés essentiels, chers à mon cœur, je vous dédie ces pages.

Pour nous, qui n'abandonnons jamais.

La Temporalité Interdisciplinaire

Ce livre, "La Temporalité Interdisciplinaire", est un guide pratique pour les dirigeants et les managers qui cherchent à améliorer la communication et la collaboration au sein de leurs équipes. L'auteur, Eric Baroni, expert en transformation numérique et en optimisation des processus, met en lumière un défi souvent négligé dans les entreprises : la gestion des différentes échelles de temps avec lesquelles chaque département ou équipe fonctionne.

Le concept central du livre est la temporalité interdisciplinaire, qui souligne l'importance de reconnaître que chaque fonction au sein d'une entreprise opère selon une temporalité spécifique, avec des objectifs à court, moyen ou long terme.

Ces différences de perception du temps peuvent engendrer des conflits, des malentendus et des inefficacités.

Pour illustrer ce concept, l'auteur introduit une échelle de temporalité allant de T-3 (Recherche et Développement à long terme) à T+3 (Planification stratégique commerciale). Chaque temporalité est expliquée en détail, avec des exemples concrets et des personnages symboliques pour faciliter la compréhension.

Le livre propose ensuite des solutions pratiques pour harmoniser ces temporalités, notamment les groupes de sublimation et la "Vision Miroir.

L'auteur explore également le rôle crucial des outils informatiques, tels que les plateformes de gestion de projets, les outils collaboratifs et les tableaux de bord analytiques, pour faciliter la gestion des temporalités et améliorer la communication entre les équipes.

Le livre s'appuie sur de nombreuses études de cas, issues de secteurs d'activité variés, pour illustrer les concepts et les solutions proposés. L'exemple d'Apple montre comment l'alignement des temporalités a contribué au succès de l'iPhone, tandis que l'échec de Kodak met en évidence les conséquences d'une mauvaise gestion des temporalités.

"La Temporalité Interdisciplinaire" s'adresse à tous les professionnels qui souhaitent optimiser la performance de leurs équipes en améliorant la communication, la collaboration et la gestion des priorités. En proposant un cadre de réflexion novateur et des solutions concrètes, ce livre fournit aux dirigeants et aux managers les clés pour construire des entreprises plus agiles, plus innovantes et mieux préparées aux défis de l'avenir.

Eric Baroni est un entrepreneur belge reconnu pour son expertise dans la transformation numérique, l'informatisation des processus de gestion et le développement de logiciels métiers.

Actuellement CEO et associé chez **Multios**, il dirige la conception de solutions numériques innovantes qui accompagnent les entreprises dans leur transition vers l'industrie 4.0.

Depuis le début de sa carrière en 1983, Eric a évolué dans divers secteurs, allant de la comptabilité-fiscalité à l'industrie, en passant par la finance et la consultance. Diplômé en gestion d'entreprise et en techniques bancaires, il a réalisé de nombreuses missions de diagnostic des politiques financières et managériales. Son parcours varié lui a permis de développer une approche multidisciplinaire, associant gestion, finance et technologies de pointe.

Eric Baroni est passionné par l'optimisation des processus et l'innovation, ce qui le conduit à s'investir pleinement dans le développement de logiciels tels que **Facteris** et d'autres solutions personnalisées pour ses clients dans des secteurs variés.

Il est également **expert agréé par Wallonie Entreprendre** et **membre accompagnateur au Réseau Entreprendre Wallonie et au sein de Wallonie Entreprendre**, partageant son savoir-faire avec des entrepreneurs en devenir ou en phase de croissance.

Reconnu pour son engagement dans l'innovation, il a reçu plusieurs distinctions, dont celle d'**Officier du mérite de l'invention et de l'innovation** pour un projet d'ultrafiltration dans le domaine environnemental.

Quand il n'est pas plongé dans le développement de solutions technologiques, Eric s'adonne à ses passions pour l'art et la menuiserie, créant des œuvres qui allient esthétisme et technique.

Introduction

Dans un monde dominé par l'évolution des marchés et des technologies ou tout s'accélère, la réussite d'une entreprise repose sur sa capacité à aligner et synchroniser les efforts de ses équipes. Cela implique non seulement une communication efficace, mais aussi la gestion des temporalités divergentes entre les différentes fonctions.

Qu'il s'agisse de commerciaux anticipant les besoins futurs, de techniciens ancrés dans la réalité présente, ou encore de directeurs techniques cherchant à prédire les prochaines innovations, chaque fonction au sein d'une entreprise possède sa propre échelle temporelle. Ces divergences entrainent souvent des malentendus, des conflits et des inefficacités dans les processus de collaboration.

Je me souviens d'une situation vécue lorsque je travaillais comme Directeur du business développement au sein d'une filiale de Veolia. Lors d'une réunion stratégique, André, le directeur commercial, annonçait fièrement que nous étions bien positionnés pour remporter un appel d'offres de plusieurs millions d'euros dans le secteur des papeteries. Toutefois, l'enthousiasme a vite laissé place à la panique lorsque Jacques, le directeur technique, préoccupé, a soulevé une objection majeure : il manquait de personnel et de technologies immédiatement disponibles pour répondre à la demande. André, qui avait œuvré des mois pour arriver à ce stade, était complètement démotivé. Il semblait que ce projet crucial était sur le point de s'effondrer à cause d'un malentendu.

C'est alors que j'ai compris que le véritable enjeu ne résidait pas dans un manque de ressources, mais dans une discordance des temporalités. En interrogeant les deux parties, j'ai découvert que la conclusion commerciale du projet était prévue dans un délai de 2 ans, alors que le directeur technique pouvait être prêt en 18 mois. Cette simple harmonisation des perspectives temporelles a permis de dénouer la crise et de la transformer en opportunité

Cette expérience, parmi d'autres, a façonné ma théorie de la "temporalité interdisciplinaire".

Ce livre vous propose des outils pratiques et des études de cas pour mieux gérer ces temporalités et améliorer la collaboration dans vos équipes. Nous verrons comment des entreprises comme Tesla et Amazon ont aligné leurs temporalités pour réussir et comment éviter des échecs, comme celui du lancement du nouveau Coca-Cola, grâce à une meilleure gestion temporelle

L'une des clés du succès d'une entreprise repose sur sa capacité à gérer des temporalités différentes au sein de ses équipes. Ces temporalités, bien que souvent invisibles, influencent profondément la manière dont les équipes collaborent et innovent. C'est ce que j'appelle la temporalité interdisciplinaire : la compréhension que chaque fonction dans une entreprise fonctionne sur une échelle temporelle différente, avec des objectifs à court, moyen ou long terme.

Définitions et concepts théoriques

Les temporalités dans le contexte des entreprises se réfèrent aux différentes échelles de temps sur lesquelles les départements et équipes fonctionnent. Chaque fonction au sein d'une entreprise opère selon une temporalité spécifique, influencée par ses priorités, ses objectifs et les exigences du marché. Ces temporalités peuvent être classées en trois catégories principales :

1. **Temporalité à court terme (T-1, T0 , T+1) :**

    - La temporalité à court terme se concentre sur les opérations immédiates et les objectifs à atteindre dans un délai de quelques mois à un an. Elle inclut les tâches quotidiennes et la réponse rapide aux besoins des clients.

    - Cette temporalité est cruciale pour la survie de l'entreprise. Elle permet de gérer les urgences, d'exécuter les commandes et de répondre aux demandes du marché en temps réel. Les équipes commerciales et marketing, par exemple, travaillent souvent sur cette échelle temporelle pour assurer la satisfaction des clients.

1. Les ponts temporels

L'une des clés du succès d'une entreprise repose sur sa capacité à gérer des temporalités différentes au sein de ses équipes. Ces temporalités, bien que souvent invisibles, influencent profondément la manière dont les équipes collaborent et innovent. C'est ce que j'appelle la temporalité interdisciplinaire : la compréhension que chaque fonction dans une entreprise fonctionne sur une échelle temporelle différente, avec des objectifs à court, moyen ou long terme.

Définitions et concepts théoriques

Les temporalités dans le contexte des entreprises se réfèrent aux différentes échelles de temps sur lesquelles les départements et équipes fonctionnent. Chaque fonction au sein d'une entreprise opère selon une temporalité spécifique, influencée par ses priorités, ses objectifs et les exigences du marché. Ces temporalités peuvent être classées en trois catégories principales :

2. **Temporalité à court terme (T-1, T0 , T+1) :**

    - La temporalité à court terme se concentre sur les opérations immédiates et les objectifs à atteindre dans un délai de quelques mois à un an. Elle inclut les tâches quotidiennes et la réponse rapide aux besoins des clients.

    - Cette temporalité est cruciale pour la survie de l'entreprise. Elle permet de gérer les urgences, d'exécuter les commandes et de répondre aux demandes du marché en temps réel. Les équipes commerciales et marketing, par exemple, travaillent souvent sur cette échelle temporelle pour assurer la satisfaction des clients.

2. **Temporalité à moyen terme (T-2, T+2) :**

    - La temporalité à moyen terme couvre une période de 3 à 24 mois. Elle est généralement associée à des projets en cours, à la planification des ressources et à l'optimisation des processus.

    - Cette temporalité permet aux entreprises de planifier et d'exécuter des projets qui nécessitent du temps pour être mis en œuvre. Elle est essentielle pour garantir la concrétisation d'innovations ou améliorations identifiées à court terme en produits ou en services effectifs.

3. **Temporalité à long terme (T-3, T+3) :**

    - La temporalité à long terme s'étend sur une période qui se compte en mois, voire en années selon les métiers. Elle est liée à la vision stratégique de l'entreprise et à la recherche et développement.

    - Cette temporalité est essentielle pour l'innovation et la durabilité. Elle permet aux entreprises d'anticiper les changements futurs du marché, d'explorer de nouvelles opportunités et de se préparer à la transition vers de nouveaux modèles d'affaires. Les départements de recherche et développement (R&D) opèrent souvent sur cette échelle pour concevoir les produits de demain.

Concept de Temporalité Interdisciplinaire

La notion de temporalité interdisciplinaire émerge de la reconnaissance que chaque fonction au sein d'une entreprise fonctionne sur une échelle temporelle différente. Elle implique une compréhension approfondie de la manière dont ces temporalités interagissent et se synchronisent pour créer une dynamique harmonieuse.

Origines du concept : Cette notion a émergé de la reconnaissance que la réussite d'une entreprise dépend non seulement de l'efficacité individuelle des départements, mais aussi de leur capacité à travailler ensemble sur des temporalités complémentaires.

Pertinence dans les entreprises modernes : Dans le monde des affaires d'aujourd'hui, caractérisé par une évolution rapide des technologies et des attentes des consommateurs, la temporalité interdisciplinaire est plus pertinente que jamais. Elle permet aux entreprises de :

- **Renforcer l'innovation** : Une approche interdisciplinaire favorise la créativité, en permettant aux équipes de partager des idées et apprendre les unes des autres.

- **Optimiser les ressources** : L'harmonisation des temporalités aide à une allocation efficace des ressources, en évitant les gaspillages liés à des efforts décalés.

- **Anticiper le futur** : En synchronisant les efforts à court, moyen et long terme, les entreprises peuvent mieux anticiper les besoins du marché et les tendances émergentes.

Chaque département d'une entreprise opère avec une temporalité propre, influencée par ses priorités et ses objectifs spécifiques. Bien que ces temporalités puissent sembler divergentes, la clé du succès réside dans la manière dont elles interagissent et se synchronisent pour former une dynamique harmonieuse.

Pour mieux illustrer cette interaction, voici un tableau montrant la gestion des temporalités de chaque fonction d'une entreprise typique et leur alignement pour optimiser la collaboration.

Département	Temporalité courte	Temporalité moyenne	Temporalité longue
Commercial	Gestion des opportunités immédiates.	Préparation des offres pour les mois à venir	Vision stratégique à 3-5 ans
Production	Satisfaction des commandes en cours	Planification des capacités de production	Développement de nouvelles capacités
Finance	Clôture des comptes mensuels	Prévision des besoins financiers trimestriels	Stratégie d'investissement à long terme
Recherche et développement (R&D)	Prototypage des innovations immédiates	Validation des solutions en développement	Recherche fondamentale pour 5 ans et plus
Direction générale	Prise de décisions tactiques	Coordination inter-départements	Définition de la vision à long terme

Ce tableau met en lumière la nécessité de comprendre les différentes échelles de temps avec lesquelles chaque département travaille. Par exemple, les commerciaux peuvent se concentrer sur des objectifs à court terme, comme la signature de nouveaux contrats, alors que le département de recherche et développement pense à plus long terme, avec une temporalité souvent centrée sur plusieurs années.

En effet, dans le cas de la recherche et développement (T-3), les ingénieurs et concepteurs travaillent souvent sur des projets qui n'auront un impact concret sur le marché que dans trois ou cinq ans. À l'opposé, les équipes commerciales (T+3) se concentrent sur l'anticipation des besoins futurs des clients. Entre ces deux pôles se trouvent les équipes techniques (T-1), qui se concentrent sur l'exécution immédiate et les équipes marketing (T0), chargées de répondre aux demandes actuelles du marché.

Ce décalage temporel crée un défi majeur : **comment synchroniser ces horloges internes pour que l'entreprise reste compétitive tout en anticipant les évolutions du marché ?**

Exemple 1 : Apple et l'iPhone

Apple est souvent cité comme un exemple de synchronisation réussie des temporalités. Lorsque l'iPhone a été lancé en 2007, cette réussite n'était pas seulement due à l'innovation technique (T-3), mais aussi à une parfaite coordination avec les équipes marketing (T0) et commerciales (T+3). Apple avait anticipé les besoins futurs des utilisateurs tout en mettant au point une technologie de pointe.

- **R&D et anticipation technique (T-3)** : Les ingénieurs d'Apple travaillaient depuis plusieurs années sur des technologies telles que l'écran tactile multipoints et l'optimisation des interfaces utilisateurs. Leur rôle était de prévoir les désirs des utilisateurs dans un futur proche et d'amener cette innovation sur le marché au moment idéal.

- **Commercial et anticipation des besoins clients (T+3)** : En parallèle, les équipes commerciales d'Apple étaient en phase avec les tendances du marché et avaient une vision claire des besoins futurs. Elles ont su anticiper l'intérêt croissant des consommateurs pour un appareil qui combinerait téléphone, musique et internet dans une interface simple.

- **Marketing et réponse immédiate (T0)** : Le jour du lancement de l'iPhone, les équipes marketing étaient prêtes à répondre immédiatement à la demande, avec une campagne globale bien orchestrée, transformant le produit en un phénomène mondial dès sa sortie.

Ce parfait alignement des temporalités a permis à Apple de conquérir un marché qui n'existait pas encore, mais pour lequel ils avaient préparé le terrain des années à l'avance.

Exemple 2 : Tesla et l'industrie automobile

Tesla, sous la direction d'Elon Musk, a su anticiper les besoins du marché à long terme (T+3) tout en travaillant à court et moyen terme (T0, T-1, T-2) pour mettre en œuvre cette vision. Le succès de Tesla repose sur une approche interdisciplinaire des temporalités, avec un focus fort sur l'innovation technique (T-3) et la commercialisation de nouvelles technologies, tout en restant à l'écoute des tendances écologiques mondiales.

- **R&D et innovations (T-3)** : Tesla a mis des années à développer ses batteries électriques et ses véhicules autonomes, anticipant la demande croissante pour des véhicules plus écologiques. Leur vision à long terme s'est concentrée sur la transition énergétique et la réduction des émissions de carbone, bien avant que ces préoccupations ne deviennent des priorités majeures pour les autres constructeurs automobiles.

- **Commercialisation progressive (T-1 à T+3)** : Tesla a su garder ses clients enthousiastes en proposant régulièrement de nouveaux modèles et mises à jour, tout en innovant constamment. Parallèlement, l'entreprise a communiqué sur sa vision d'un futur durable, attirant ainsi les clients sensibles à ces valeurs.

Exemple 3 : Coca-Cola et le lancement du New Coke

À l'inverse, le lancement de **New Coke** par Coca-Cola est un exemple d'échec dû à un mauvais alignement des temporalités. Ce cas illustre comment une mauvaise compréhension des attentes à court terme (T0) peut conduire à des erreurs stratégiques, même pour une entreprise aussi établie que Coca-Cola.

- **Erreur d'anticipation des besoins (T+3)** : En cherchant à innover et à anticiper les futures attentes des consommateurs, Coca-Cola a développé une nouvelle recette pour rivaliser avec Pepsi. Cependant, ils ont mal compris l'attachement émotionnel des consommateurs à la recette originale, créant une déconnexion avec la réalité immédiate.

- **Manque de coordination avec les équipes marketing et clientèle (T0)** : Le lancement de New Coke a été un échec retentissant, car les équipes marketing n'avaient pas pris en compte la perception des clients actuels. La demande pour la formule classique de Coca-Cola a été ignorée et l'entreprise a dû réintroduire l'ancienne recette sous le nom de "Coca-Cola Classic" après une forte réaction négative des consommateurs.

Exemples des Temporalités et Personnages Symboliques

La classification des temporalités met en lumière les différents horizons temporels des fonctions au sein d'une entreprise. Comprendre les distinctions entre T-3, T-2, T-1, T0, T+1, T+2 et T+3 est essentiel pour appréhender la dynamique globale de l'entreprise.

Quelles sont les différences clés entre les temporalités ?

La famille des Telluriques T-3, T-2, T-1

- Ce terme, souvent associé à la terre, à la formation et aux processus internes, reflète bien la nature de cette famille tournée vers la création, la production et la mise en œuvre. Elle s'occupe du cycle d'innovation et de production de l'entreprise.

T-3 : Recherche et Développement (Vision à long terme)

Personnage : Albert Einstein

Einstein représente la pensée innovante et la recherche fondamentale. Sa capacité à anticiper et à concevoir des théories qui ont révolutionné notre compréhension de l'univers en fait un symbole parfait de la recherche et du développement à long terme.

Violet foncé : Associé à la vision à long terme, à la créativité et à l'exploration des territoires inconnus, le violet foncé symbolise parfaitement la temporalité T-3 de la Recherche et Développement (R&D). Cette couleur incarne l'anticipation, l'innovation de rupture et la capacité à imaginer des technologies et des produits qui façonneront l'avenir de l'entreprise, même si leur concrétisation n'interviendra qu'après plusieurs années.

- **Horizon temporel** : 3 à 5 ans, voire plus.
- **Objectif principal** : Anticiper et concevoir les **produits et technologies du futur**, posant ainsi les bases de la vision à long terme de l'entreprise.
- **Priorités** : Recherche fondamentale, exploration des technologies de rupture, anticipation des tendances technologiques futures.

Exemple : L'équipe de recherche chez **Apple**, qui développe les processeurs des futures générations d'iPhones. Bien que ces technologies soient encore en phase de développement, et ne seront commercialisées que dans plusieurs années.

Métiers habituels concernés :

- **Directeur de la Recherche et Développement (R&D)** : Responsable de la définition de la stratégie R&D à long terme, supervisant les projets d'innovation de rupture.
- **Chercheur ou Ingénieur en R&D** : Travaille sur des projets de recherche à long terme, explorant des technologies émergentes et des solutions futuristes.
- **Innovation Manager (Responsable de l'innovation)** : Coordonne les initiatives d'innovation, tout en identifiant des opportunités de technologies de rupture.
- **Analyste en veille technologique** : Se spécialise dans l'identification des tendances technologiques émergentes et des innovations à long terme.
- **Data Scientist spécialisé en veille technologique** : Utilise des données prospectives pour identifier et analyser les tendances technologiques futures afin d'anticiper les besoins du marché.

T-2 : L'incubateur (Expérimentation et validation)

Personnage : Enzo Ferrari

Enzo Ferrari, le fondateur de Ferrari, est un symbole d'expérimentation et d'innovation dans l'industrie automobile. Il a commencé par développer des voitures de course avant de lancer des modèles commerciaux. Son approche axée sur le prototypage et les tests sur circuit, ainsi que sa quête incessante de la performance et de l'excellence, font de lui un personnage idéal pour représenter T-2. Il illustre parfaitement la transformation d'idées en prototypes concrets, validant leur faisabilité technique avant de les commercialiser.

Violet clair : Le violet clair, plus lumineux que le T-3, symbolise la matérialisation progressive des idées issues de la recherche. Cette phase d'expérimentation et de validation se situe entre le long terme (T-3) et le court terme (T-1), ceci explique le choix d'une couleur de transition entre le violet foncé et le bleu. Elle représente le moment où les concepts se rapprochent de la réalité, mais nécessitent encore des ajustements et des tests avant leur entrée en production.

- **Horizon temporel** : Variable, se situant entre le long terme (T-3) et le court terme (T-1).

- **Objectif principal** : Transformer les idées issues de la R&D (T-3) en **prototypes concrets**, tout en validant leur faisabilité technique et leur viabilité commerciale.

- **Priorités** : Prototypage, tests, retours d'expérience, études de marché, validation des concepts.

Exemple : L'équipe de Tesla, qui expérimente de nouvelles batteries pour améliorer l'autonomie des véhicules électriques. Ces innovations intègrent les dernières avancées de la recherche (T-3) et se préparent à leur mise en production (T-1).

Métiers habituels concernés :

- **Chef de Projet R&D** : Coordonne les efforts entre la R&D et la production pour assurer la transformation des idées en prototypes.

- **Ingénieur en Prototypage** : Conçoit et teste les prototypes pour valider la faisabilité technique des idées issues de la R&D.

- **Responsable des Tests et Qualité** : Supervise les tests techniques, ajuste les prototypes et s'assure qu'ils respectent les normes de qualité.

- **Analyste de Marché** : Réalise des études pour évaluer la viabilité commerciale du prototype et propose des ajustements en fonction des retours des utilisateurs et des attentes du marché.

- **Spécialiste des Retours d'Expérience (UX ou utilisateur final)** : Collecte et analyse les retours des utilisateurs lors des phases de test pour optimiser l'expérience utilisateur avant la production de masse.

T-1 : Le Service technique (Mise en œuvre et production)

Personnage : Henry Ford

Ford est connu pour avoir révolutionné la production en série avec l'assemblage de voitures. Son rôle dans la mise en œuvre de processus techniques efficaces fait de lui un symbole fort pour le service technique.

Bleu foncé : Le bleu foncé, symbole de fiabilité, de précision et de concrétisation, incarne la temporalité T-1 des équipes techniques. Cette couleur représente la mise en œuvre des innovations et la production en série, soulignant l'importance du respect des délais et des exigences techniques.

- **Horizon temporel** : Court terme, généralement entre 12 et 24 mois.
- **Objectif principal** : Concrétiser les innovations validées par l'incubateur (T-2) en **produits commercialisables**, en optimisant les processus de production tout en respectant les délais.
- **Priorités** : Production en série, respect des cahiers des charges, intégration des innovations, gestion des ressources et optimisation des coûts.

Exemple : L'équipe de production de **BMW**, qui adapte les lignes d'assemblage pour intégrer un nouveau moteur développé par l'incubateur (T-2). Elle doit tenir compte des contraintes techniques tout en respectant les délais de commercialisation.

Métiers habituels concernés :

- **Directeur de Production** : Supervise la production en série, assure l'intégration des innovations techniques dans les processus de fabrication tout en respectant les objectifs de coût et de délai.
- **Ingénieur Process** : Optimise les procédés de production, s'assurant que les lignes de production respectent les spécifications techniques et les normes de qualité.

- **Responsable Logistique** : Gère les flux de matériaux et les ressources nécessaires pour garantir une production ininterrompue.

- **Responsable Qualité** : Supervise le contrôle qualité, en s'assurant que les produits répondent aux cahiers des charges et respectent les standards établis.

- **Chef d'Atelier** : Gère les équipes de production sur le terrain et veille à l'exécution correcte des opérations d'assemblage et de fabrication.

- **Supply Chain Manager** : Assure la coordination des fournisseurs et la gestion des stocks pour que les lignes de production puissent fonctionner sans rupture.

La famille des Prospectifs T+1, T+2, T+31

- Ce terme évoque l'anticipation, la projection vers l'avenir et la croissance, ce qui correspond bien à l'orientation de cette famille tournée vers le marché, les relations clients et l'évolution de l'entreprise. Elle s'occupe du cycle de commercialisation et de croissance de l'entreprise.

Comprendre les nuances entre T+1, T+2 et T+3 est primordial pour le succès d'une entreprise.

T+1 : Formation et développement des compétences (transmission du savoir)

Personnage : Maria Montessori

Pédagogue et médecin italienne, Maria Montessori a révolutionné l'apprentissage avec sa méthode pédagogique centrée sur l'enfant. Son approche, axée sur l'autonomie, la créativité et l'adaptation aux besoins de l'apprenant, l'érige en figure emblématique du T+1, préparant les individus aux défis futurs.

Jaune clair : Associé à l'apprentissage, à la transmission du savoir et à la préparation pour l'avenir, le jaune clair symbolise la temporalité T+1. Cette phase est cruciale pour s'assurer que l'entreprise, ses employés et ses clients disposent des compétences nécessaires pour exploiter les produits et services en préparation pour le futur.

- **Horizon temporel** : Futur proche, avec pour objectif de préparer l'entreprise aux besoins futurs du marché et aux évolutions technologiques imminentes.

- **Objectif principal** : Garantir que les employés et clients maîtrisent les compétences nécessaires pour tirer le meilleur parti des innovations, produits et services de l'entreprise.

- **Priorités** : Élaboration de programmes de formation, accompagnement des utilisateurs, anticipation des besoins en compétences.

Exemple : Les formateurs chez **Multios** développent des modules de formation pour accompagner les clients dans l'utilisation d'un nouveau logiciel. Ils tiennent compte des retours des équipes commerciales (T+2) et des besoins du marché pour anticiper les compétences à venir.

Métiers habituels concernés :

- **Responsable formation** : Supervise la création de programmes de formation pour les employés et clients, en prévision des nouveaux produits et services.

- **Formateur** : Développe et dispense les formations aux utilisateurs, les aidant à maîtriser les outils et technologies fournis par l'entreprise.

- **Responsable des Ressources Humaines (développement des compétences)** : Identifie les compétences futures nécessaires et met en place des plans de développement pour les équipes internes.

- **Consultant en formation** : Propose des stratégies et des méthodes pédagogiques pour améliorer l'efficacité des formations destinées aux employés et clients.

- **Spécialiste en e-learning** : Conçoit des plateformes de formation en ligne et des modules interactifs pour permettre aux employés et clients l'apprentissage à distance.

- **Responsable support clients** : Aide à l'accompagnement des utilisateurs, assurant l'exploitation optimale des produits ou services dès leur lancement.

Défis du T+1 :

- Anticiper les compétences qui seront nécessaires dans le futur pour accompagner les innovations de l'entreprise.

- S'assurer que les formations proposées sont en phase avec les réalités du marché et l'évolution des produits et services.

T+2 : La vente et la relation client (Court et moyen terme)

Personnage : Jean-Claude Decaux

Fondateur de JCDecaux, Decaux a révolutionné la publicité urbaine et a toujours mis l'accent sur l'importance de la relation client et de la satisfaction des consommateurs. Sa stratégie commerciale axée sur l'écoute des besoins des clients et l'adaptation de ses services en fonction des retours du marché l'érige en symbole idéal du T+2. Il incarne la prospection commerciale et la gestion de la relation client, tout en bâtissant des partenariats solides.

Vert clair : Associé à la croissance, au développement et à la prospérité, le vert clair incarne la temporalité T+2, qui se concentre sur la concrétisation des opportunités commerciales. Cette couleur symbolise l'expansion des relations et la construction de relations durables avec les clients, en assurant leur satisfaction et en consolidant la base clientèle.

- **Horizon temporel** : Se projette à court et moyen terme, généralement sur une période de 12 mois.
- **Objectif principal** : Convertir les prospects en clients, fidéliser les clients existants et concrétiser les opportunités commerciales.
- **Priorités** : Prospection commerciale, négociation, signature de contrats, gestion de la relation client et satisfaction client.

Exemple : Les commerciaux chez **ABC Services**, qui promeuvent les services de l'entreprise, négocient des contrats avec de nouveaux clients et s'assurent de la satisfaction de la clientèle existante, en étroite collaboration avec les équipes **T0** (gestion des comptes clients).

Métiers habituels concernés :

- **Responsable commercial** : Supervise les activités de prospection et négociation, en s'assurant que les objectifs de conversion et de fidélisation sont atteints.

- **Commercial ou chargé de clientèle** : Identifie et prospecte de nouveaux clients, négocie les contrats et gère la relation avec les clients existants pour assurer leur satisfaction.

- **Responsable grands comptes** : S'occupe des clients stratégiques, en assurant le suivi des contrats importants et en anticipant les besoins des grands comptes.

- **Responsable de la relation client** : S'assure que les clients existants sont satisfaits des services ou produits fournis, gère les retours et fidélise la clientèle.

- **Consultant en développement commercial** : Contribue à l'élaboration de stratégies de croissance pour convertir les opportunités commerciales en contrats solides.

- **Coordinateur de la satisfaction client** : Suit les indicateurs de satisfaction et assure le lien entre les services commerciaux et les équipes de support pour améliorer la relation client.

Défis du T+2 :

- Trouver un équilibre entre les besoins à court terme (clôturer des ventes) et la construction de relations client durables.

- S'adapter rapidement aux demandes du marché tout en respectant les contraintes internes de l'entreprise (disponibilité des produits, délais de livraison etc.).

T+3 : La planification stratégique commerciale (vision à long terme)

Personnage : Louis Vuitton

Louis Vuitton, en tant que co-fondateur de la maison de luxe éponyme, incarne l'importance de la vision stratégique à long terme dans le monde des affaires. Sous sa direction, la marque a su anticiper les tendances du marché et s'adapter aux besoins changeants des consommateurs, tout en préservant son héritage et son image de marque. Son approche de la planification stratégique et de l'expansion sur de nouveaux marchés illustre parfaitement la temporalité T+3.

Vert foncé : Le vert foncé, plus profond que le T+2, symbolise la vision stratégique à long terme de l'entreprise. Il évoque la stabilité, la croissance durable et l'anticipation des tendances futures du marché, soulignant l'importance de planifier sur plusieurs années pour assurer la pérennité et la croissance de l'entreprise.

- **Horizon temporel** : Long terme, se projetant sur plusieurs années.
- **Objectifs principaux** : Définir la stratégie commerciale globale de l'entreprise, identifier les opportunités de croissance futures et anticiper les tendances du marché pour rester compétitif.
- **Priorités** : Analyse de marché, identification de nouveaux segments, définition des objectifs de croissance, élaboration de partenariats stratégiques.

Exemple : Le directeur commercial chez **ABC Services**, qui analyse les tendances du marché et propose des stratégies pour saisir les opportunités à long terme tout en anticipant les évolutions de la demande et de la concurrence.

Métiers habituels concernés :

- **Directeur Commercial** : Responsable de la définition de la stratégie commerciale à long terme, il identifie les segments de marché à exploiter et les opportunités de croissance.

- **Responsable Stratégie** : Développe des plans stratégiques pour anticiper les évolutions futures du marché et garantir la croissance durable de l'entreprise.
- **Analyste de Marché Senior** : Analyse les tendances du marché et fournit des insights clés sur les nouvelles opportunités et les segments à développer.
- **Directeur des Partenariats stratégiques** : Élabore et gère des partenariats avec d'autres entreprises ou acteurs du marché pour créer des synergies à long terme.
- **Consultant en Stratégie** : Travaille avec la direction pour élaborer des stratégies à long terme et identifier des leviers de croissance.
- **Responsable du Développement International** : Identifie les opportunités d'expansion sur de nouveaux marchés étrangers et met en place des plans pour entrer dans ces marchés de manière durable.
- **Chief Growth Officer (Directeur de la Croissance)** : Définit et pilote les initiatives de croissance à long terme en s'assurant que l'entreprise est bien positionnée pour capturer les tendances futures.

T0 : Le présent

- Ce point représente l'instant présent, le point de convergence où l'entreprise interagit directement avec le marché. Il s'agit de répondre aux demandes actuelles, de gérer les campagnes marketing et d'analyser les réactions du marché.

L'importance de T0

T0, représentant le moment présent et l'interaction directe avec le marché, est le point de convergence de toutes les autres temporalités (T-3 à T+3). Les équipes marketing, en charge de la communication, de la relation client immédiate et de l'analyse des réactions du marché, jouent un rôle crucial dans cette temporalité.

Personnage : Steve Jobs

Co-fondateur d'Apple, Steve Jobs était un maître de la communication et du marketing. Sa capacité à capter l'attention du public, à créer le besoin et à imposer une vision l'érige en figure emblématique de T0, le point de contact avec le marché.

Orange : Couleur vibrante et dynamique, l'orange incarne l'instantanéité et la réactivité de la temporalité T0. C'est le moment où l'entreprise entre en contact direct avec le marché, réagit aux demandes immédiates des clients et ajuste ses stratégies en temps réel. Cette couleur symbolise également la communication, essentielle pour connecter les différentes temporalités de l'entreprise.

- **Horizon temporel** : Présent immédiat, nécessitant une réactivité immédiate.

- **Objectif principal** : Valider ou ajuster les décisions prises dans les autres temporalités, tout en répondant aux exigences immédiates du marché.

- **Priorités** : Agilité, réactivité, ajustement stratégique en temps réel, service client, gestion opérationnelle.

Exemple : Les équipes commerciales et de support client chez **DEF Services** qui répondent aux demandes et réclamations des clients, tout en ajustant les offres en fonction des réactions du marché et des réalités opérationnelles.

Métiers habituels concernés :

- **Responsable des opérations** : Coordonne et supervise les opérations quotidiennes pour garantir que les activités se déroulent sans interruption, en tenant compte des demandes actuelles du marché.

- **Commercial ou chargé de clientèle** : Agit en première ligne pour interagir avec les clients, en veillant à répondre à leurs besoins immédiats et à résoudre les problèmes en temps réel.

- **Responsable support client** : Gère les retours des clients et assure la mise en œuvre rapide des solutions proposées sont mises en œuvre rapidement pour maintenir la satisfaction client.

- **Responsable de la Communication** : Gère la communication interne et externe pour relayer les informations importantes, en s'assurant que toutes les équipes sont informées immédiatement et de façon synchronisée des changements du marché.

- **Community Manager** : Surveille et interagit avec les clients en ligne, en répondant à leurs questions et préoccupations sur les réseaux sociaux, assurant une réactivité instantanée.

- **Responsable des Ventes** : Adapte les stratégies commerciales en temps réel en fonction des retours des équipes terrain et des conditions immédiates du marché.

- **Responsable du Service Après-Vente (SAV)** : Traite les réclamations et garantit une réponse rapide aux problèmes des clients pour maintenir leur satisfaction.

En résumé, T-3, T-2, T-1 représentent les différentes phases du cycle d'innovation et de production, tandis que T+1, T+2 et T+3 représentent la construction du futur de l'entreprise. T0 agit comme un point d'ancrage dans le présent, permettant de valider, d'ajuster et de dynamiser les actions entreprises dans les autres temporalités. Une entreprise performante est celle qui réussit à créer une synergie entre ces différentes temporalités, utilisant T0 comme un baromètre pour guider ses actions et s'assurer de sa pertinence sur le marché.

Les rôles transversaux

Certains métiers jouent des rôles transversaux qui peuvent toucher plusieurs temporalités. On pense principalement au **directeur financier** et au directeur **marketing.**

Directeur Financier (CFO)

Le directeur financier intervient sur plusieurs niveaux en fonction des décisions financières à court, moyen et long terme. Il est généralement impliqué dans les temporalités suivantes :

- **T-1** : Le directeur financier est impliqué dans la gestion opérationnelle du budget, le contrôle des coûts et la gestion de la trésorerie, ainsi que l'optimisation des ressources. Il est en première ligne pour garantir que les opérations de production et d'autres fonctions opérationnelles respectent les contraintes budgétaires immédiates.

- **T+2** : Il joue un rôle dans la prospection commerciale et les négociations de contrats, assurant que les contrats sont alignés sur les objectifs financiers de l'entreprise et qu'ils garantissent la rentabilité.

- **T+3** : Il est fortement impliqué dans la stratégie financière à long terme, en aidant à définir la croissance durable et en participant aux décisions sur les investissements, l'allocation des ressources et la gestion des risques financiers sur le long terme.

Directeur Marketing (CMO)

Le directeur marketing, quant à lui, a un rôle clé dans l'adaptation de la stratégie de l'entreprise au marché. Il intervient principalement dans les temporalités suivantes :

- **T0** : Il est en première ligne pour adapter les campagnes marketing en temps réel, en fonction des retours du marché et des tendances immédiates. Il ajuste la communication pour capter l'attention des clients et réagir rapidement aux évolutions du comportement des consommateurs.

- **T+1** : Le directeur marketing contribue à anticiper les besoins futurs en compétences pour les équipes marketing et les utilisateurs des produits. Il participe à l'élaboration des programmes de formation destinés aux clients et au personnel commercial pour améliorer l'utilisation des outils marketing.

- **T+2** : Il joue un rôle crucial dans la concrétisation des opportunités commerciales, la prospection de nouveaux segments de marché et le lancement de nouveaux produits. Son travail est essentiel pour fidéliser les clients et s'assurer que les produits ou services sont bien positionnés sur le marché.

- **T+3** : Le directeur marketing aide à définir la stratégie commerciale globale à long terme, en participant à l'analyse de marché, l'identification des nouveaux segments et l'anticipation des tendances futures. Il collabore étroitement avec les équipes de développement stratégique pour s'assurer que les décisions prises aujourd'hui auront un impact positif dans les années à venir.

Ainsi, le directeur financier intervient majoritairement dans les temporalités T-1, T+2 et T+3, tandis que le directeur marketing joue un rôle crucial dans les temporalités T0, T+1, T+2 et T+3. Ces deux directeurs sont impliqués à des niveaux stratégiques et opérationnels selon leurs domaines respectifs.

4. Conclusion du Chapitre 1

Les exemples présentés dans ce chapitre soulignent l'importance essentielle de la gestion des temporalités au sein des entreprises pour garantir leur succès. Des entreprises comme Apple et Tesla illustrent l'impact positif de l'harmonisation des différentes temporalités vers une innovation continue. En revanche, le cas de Coca-Cola montre les dangers d'une focalisation excessive sur l'avenir, au détriment de l'attention portée aux besoins immédiats des consommateurs.

Ce chapitre démontre également la manière dont les personnages symboliques associés à chaque temporalité enrichissent notre compréhension de ces concepts et de leurs implications pratiques. Les figures emblématiques telles qu'Albert Einstein, Enzo Ferrari, Henry Ford, Maria Montessori, Jean-Claude Decaux et Louis Vuitton offrent des illustrations concrètes de la manière dont chaque temporalité peut être mise en œuvre dans le monde réel. Ces personnages rendent les idées abstraites plus accessibles et pertinentes, soulignant ainsi que la clé réside dans la capacité à anticiper le futur tout en restant aligné avec les besoins présents.

Synthèse

La coexistence de différentes temporalités au sein des équipes est une réalité incontournable dans chaque entreprise. Synchroniser ces temporalités est essentiel pour maximiser la performance globale. Les exemples d'Apple et Tesla montrent que l'harmonisation des objectifs à long, moyen et court terme permet de capitaliser sur l'innovation tout en restant compétitif sur le marché. À l'inverse, le cas de Coca-Cola met en lumière les risques associés à un désalignement entre les temporalités.

Points clés à retenir :

- Les temporalités varient selon les métiers (R&D, marketing, commercial).

- L'harmonisation des temporalités est cruciale pour garantir la compétitivité.

- Des outils tels que la communication interdisciplinaire facilitent la synchronisation de ces horloges internes.

- Les personnages symboliques enrichissent notre compréhension des temporalités et leur application pratique.

Ce chapitre établit donc une base solide pour explorer plus en profondeur les dynamiques temporelles au sein des entreprises et souligne l'importance d'une approche interdisciplinaire pour optimiser la collaboration et l'innovation.

2. L'ARCHITECTURE DES TEMPORALITÉS

Dans notre vie de tous les jours, nous nous représentons la temporalité de manière linéaire : **un début, un milieu et une fin**, avec des événements qui se succèdent de manière ordonnée. Cependant, cette vision linéaire n'est pas toujours en phase avec la temporalité réelle des entreprises, où les processus, les projets et les interactions humaines évoluent de manière beaucoup plus complexe.

La vision que je propose est une représentation plus dynamique et non linéaire des relations temporelles au sein d'une organisation. Dans cette conception, T-3, qui représente les étapes de développement (comme la recherche et l'innovation), et T+3, qui symbolise la planification stratégique à long terme, ne sont pas simplement des extrémités opposées d'une ligne, mais se rejoignent dans une boucle temporelle continue sous la forme d'un carrousel temporel.

Ce carrousel reflète la nature cyclique et continue de la temporalité : chaque temporalité — qu'elle soit passée, présente ou future — est interconnectée et il devient impossible de distinguer un point de départ ou une fin claire.

Les autres temporalités, comme T-2, T-1, T0, T+1, et T+2, sont des places sur ce carrousel en mouvement perpétuel, toutes influençant et réagissant les unes aux autres dans une danse temporelle où chaque décision ou action impacte l'ensemble de l'organisation.

Cette vision met en lumière l'importance de synchroniser ces temporalités pour harmoniser les stratégies à long terme avec l'opérationnel immédiat.

1. Une vision inspirée de la relativité temporelle

Cette approche de la temporalité n'est pas sans rappeler la **théorie de la relativité** d'Einstein, où le temps est perçu différemment en fonction de l'observateur. Si on observe une équipe ou un processus interne depuis un prisme statique – par exemple, un gestionnaire regardant l'ensemble de l'organisation de manière extérieure et qui fait face à T0 – les équipes qui opèrent à des niveaux temporels différents semblent évoluer à des vitesses distinctes.

Les temporalités situées près de **T0** (l'opérationnel immédiat) peuvent apparaître comme extrêmement rapides et agiles. À l'inverse, les temporalités de **T-3** (recherche et développement) ou **T+3** (planification stratégique) semblent avancer à un rythme plus lent, car elles se projettent sur un horizon à long terme. Mais en réalité, ces temporalités ne sont pas indépendantes ; elles sont **interconnectées** dans un espace commun, où les actions prises dans une temporalité impactent les autres.

T-3, en particulier, influence la manière dont **T+3** se visualise dans le futur.

2. Interaction entre temporalités

Dans un modèle linéaire, les interactions entre les différentes temporalités peuvent sembler rigides et limitées, chaque étape étant vue comme une progression vers la suivante. Cependant, dans un modèle de carrousel temporel, T-3 et T+3 ne sont pas en opposition, mais plutôt en dialogue constant, comme deux chevaux sur un carrousel avançant côte à côte. À l'opposé du carrousel, du point de vue de celui qui observe, ces temporalités semblent éloignées et tourner plus lentement, mais en réalité, elles restent en parfaite harmonie, contribuant ensemble à l'équilibre temporel global.

T-3, en tant que temporalité axée sur l'innovation et le développement, projette ses découvertes dans le futur, influençant T+3, qui représente la planification stratégique à long terme. En retour, T+3, en visualisant les futurs possibles, influence la direction que prendra T-3.

Entre ces deux points, les temporalités intermédiaires, comme T0, jouent un rôle crucial d'équilibre. T0 correspond aux opérations actuelles, aux décisions quotidiennes qui doivent être prises en tenant compte à la fois des impératifs immédiats et des objectifs futurs. Dans cette approche cyclique, les décisions prises à T0 sont conditionnées par les projections des temporalités plus longues et influencent à leur tour ces mêmes projections, bouclant ainsi le flux temporel.

3. Synchronisation temporelle : accélération et décélération

L'un des aspects fascinants de cette vision en **carrousel temporel** est la manière dont la perception du mouvement varie en fonction du point de vue de l'observateur. Tout comme dans la relativité, les éléments les plus éloignés dans le carrousel, comme T-3 ou T+3, semblent se déplacer plus lentement lorsqu'ils sont à l'extrémité de notre champ de vision. En revanche, les temporalités qui se rapprochent de notre point d'observation, comme T0 (l'opérationnel immédiat), paraissent tourner plus rapidement, car elles agissent dans l'instant présent.

Par exemple, une équipe de T+2 (commerciale) peut sembler en perpétuelle accélération, cherchant à capter rapidement de nouvelles opportunités sur le marché. En parallèle, l'équipe de T-3 (recherche et développement) semble progresser plus lentement, mais en réalité, elle suit une cadence propre, concentrée sur l'innovation à long terme. Cette divergence apparente de rythmes n'est pas un obstacle, mais une richesse dynamique, où chaque équipe fonctionne à la vitesse optimale pour atteindre ses objectifs temporels.

4. Implications pour la gestion des ressources et des priorités

Dans une entreprise, cette vision du **carrousel temporel** permet de mieux gérer les ressources et les priorités. La gestion linéaire classique crée souvent des conflits, car elle impose une seule temporalité dominante (souvent T0, les opérations immédiates), au détriment des autres. Dans une approche en carrousel temporel, il devient possible de naviguer entre les temporalités et de réallouer des ressources en fonction des besoins spécifiques de chaque horizon temporel.

Un exemple concret pourrait être celui d'une entreprise confrontée à un problème urgent de production (T0), qui doit allouer des ressources à court terme pour résoudre ce problème. Grâce à la projection fournie par T-3 (R&D) et T+3 (planification stratégique), cette même entreprise est capable d'anticiper des problèmes similaires à l'avenir et d'ajuster sa production à long terme pour les éviter. Cela permet de synchroniser les priorités et de garder une vision globale du cycle de vie du projet

5. Convergence des temporalités dans le futur

Finalement, le modèle du **carrousel temporel** met en lumière une idée essentielle : dans le futur, les temporalités tendent à converger. Ce qui a été initié à T-3 dans le cadre du développement technologique finit par se réaliser à T+3 sous la forme de nouvelles stratégies commerciales. Cette convergence cyclique crée un continuum temporel au sein de l'entreprise. Plutôt que de fonctionner comme des silos temporels isolés, les équipes doivent comprendre que leur travail s'inscrit dans un espace temporel global et interconnecté, où le passé influence le futur, et vice-versa.

6. Conclusion : Le prisme temporel statique et la flexibilité dynamique

En observant cette temporalité à travers un **prisme temporel statique**, il est facile de percevoir les équipes comme évoluant à des vitesses différentes, certaines accélérant, d'autres ralentissant. Mais le modèle du **carrousel temporel** révèle que ces différences ne sont qu'apparences, et que toutes les temporalités sont interconnectées dans un même espace dynamique.

La clé pour une gestion efficace réside dans la flexibilité : permettre à chaque équipe de fonctionner à son rythme naturel, tout en assurant une synchronisation et une communication constante entre les temporalités. Cette approche non linéaire de la temporalité permet d'adopter une gestion plus agile, plus souple, où les temporalités ne sont plus des obstacles, mais des alliées dans la réalisation des objectifs stratégiques.

Conclusion du Chapitre 2

L'architecture des temporalités propose une approche sous la forme d'un **carrousel temporel**, rompant avec la vision linéaire traditionnelle. En harmonisant des temporalités comme T-3, T0 et T+3, ce modèle permet de mieux gérer les ressources et les priorités, en tenant compte des rythmes spécifiques à chaque équipe ou projet. Il favorise une synchronisation entre innovation, opérationnel et stratégie à long terme. Cette flexibilité dynamique permet à l'organisation de rester agile face aux défis présents et futurs, en créant un continuum temporel qui optimise l'efficacité et la cohérence stratégique.

3. LES CLÉS DE LA COMMUNICATION INTERDISCIPLINAIRE

La communication au sein d'une entreprise est souvent comparée à une horloge bien réglée, où chaque rouage joue un rôle précis et doit s'imbriquer parfaitement avec les autres. Pourtant, chaque métier, chaque fonction, fonctionne selon sa propre échelle temporelle et c'est là que les défis apparaissent. Les équipes techniques, concentrées sur les opérations immédiates, peinent parfois à se synchroniser avec les commerciaux, tournés vers les besoins futurs des clients. De la même manière, les équipes de recherche et développement, plongées dans la préparation des innovations de demain, ne comprennent pas toujours les priorités des équipes marketing, qui doivent répondre aux exigences du moment.

Ce chapitre apporte des stratégies pratiques et des techniques pour établir un langage commun afin de faciliter la communication entre ces différentes temporalités. Il identifie également les sources de conflits possibles en raison de ces divergences temporelles. En harmonisant la compréhension entre les métiers, les entreprises peuvent surmonter les obstacles liés aux divergences temporelles et améliorer leur efficacité globale, conduisant ainsi à une performance organisationnelle optimale.

Stratégies pour améliorer la communication interdisciplinaire

L'une des premières étapes pour améliorer la communication entre les métiers est de reconnaître que chaque fonction opère dans une temporalité différente. Cette reconnaissance permet de poser les bases pour une meilleure collaboration, favorisant ainsi une atmosphère de travail plus sereine et productive.

Réunions de synchronisation

Une stratégie efficace consiste à organiser des réunions régulières de synchronisation où chaque équipe partage ses priorités et ses attentes en matière de délais. Ces réunions permettent aux équipes techniques (T-1) de mieux comprendre les contraintes des équipes commerciales (T+3), qui anticipent les besoins futurs des clients. De plus, elles offrent aux équipes de recherche et développement (T-3) l'opportunité d'expliquer les innovations à venir et de recueillir des retours sur la faisabilité de ces innovations. En instaurant un rythme régulier pour ces rencontres, les équipes peuvent établir des relations de confiance et favoriser un climat de transparence.

Les tableaux de visualisation des priorités

Utiliser des outils visuels comme des tableaux Kanban ou des diagrammes de Gantt permet à chaque équipe de visualiser clairement les priorités des autres. Ces outils aident à identifier les chevauchements entre les tâches à court terme et les projets à long terme, facilitant ainsi la prise de décisions alignée sur les différents horizons temporels. Par exemple, un tableau Kanban partagé pourrait illustrer les priorités actuelles de chaque équipe, permettant aux commerciaux de savoir quand les nouvelles fonctionnalités seront disponibles pour les clients. Cette approche visuelle peut également réduire les malentendus en rendant les informations accessibles à tous.

Encourager l'empathie temporelle

Il est essentiel de développer une culture d'entreprise qui encourage l'empathie entre les différentes temporalités. En expliquant les pressions auxquelles chaque équipe est confrontée, il devient plus facile de gérer les tensions. Par exemple, lorsque les équipes de marketing doivent répondre à une demande immédiate de la part des clients (T0), elles doivent pouvoir communiquer efficacement avec les équipes de développement (T-1) pour affiner les priorités sans compromettre les projets en cours. Cultiver cette empathie peut passer par des ateliers de sensibilisation, où chaque équipe présente son rôle, ses défis et ses attentes, créant ainsi un espace de compréhension mutuelle.

Exemple concret : Une société de développement de logiciels face à un lancement stratégique

Dans une entreprise de développement de logiciels que j'ai accompagnée, un lancement de produit crucial était en préparation. L'équipe commerciale avait déjà commencé à teaser le produit auprès des clients, en promettant une sortie pour le prochain trimestre. Cependant, lorsque l'information parvint aux équipes techniques, ce fut le choc. Les développeurs savaient qu'ils étaient loin de la version finale et plusieurs fonctionnalités clés n'étaient pas encore prêtes.

Le conflit naquit rapidement entre l'équipe commerciale, qui faisait pression pour respecter les engagements pris et l'équipe technique, qui se voyait acculée par des délais irréalistes. Les tensions étaient palpables, chacun défendant son propre horizon temporel sans tenir compte de l'autre. Ce type de situation est courant dans de nombreuses entreprises et met en évidence l'importance d'une communication claire et d'une gestion proactive des attentes.

Pour résoudre ce problème, nous avons mis en place une série de réunions de synchronisation, durant lesquelles chaque équipe pouvait exprimer ses priorités et ses contraintes. Les commerciaux ont expliqué que l'enthousiasme des clients nécessitait une solution rapide, mais les développeurs ont proposé une alternative : sortir une version allégée du logiciel, tout en promettant des mises à jour progressives dans les mois suivants. Cette solution a non seulement apaisé les tensions, mais elle a également permis de maintenir la confiance des clients et d'alléger la pression sur les développeurs.

Techniques pour établir un langage commun

La différence de langage et de terminologie entre les métiers peut également constituer une barrière à la communication. Pour qu'une entreprise puisse fonctionner comme un tout cohérent, il est essentiel de créer un langage commun accessible à toutes les équipes, indépendamment de leur fonction ou de leur temporalité.

Définir des termes partagés

Il est important de définir des termes clés qui seront utilisés de manière uniforme par toutes les équipes. Par exemple, le terme "deadline" peut avoir des significations différentes selon les départements : pour les commerciaux, il s'agit d'un engagement vis-à-vis du client, tandis que pour les équipes techniques, il s'agit d'une estimation interne. Etablir des définitions partagées pour des termes critiques réduit les incompréhensions et les attentes mal alignées. Cette uniformité dans le langage favorise une meilleure compréhension et contribue à la fluidité des échanges.

Plateformes collaboratives

L'utilisation de plateformes collaboratives comme Trello, Asana, ou encore des outils intégrés dans des ERP comme Facteris permet de centraliser les informations et d'éviter que chaque équipe travaille dans sa propre bulle. Grâce à ces outils, chaque fonction prend connaissance du travail des autres équipes et ajuste sa propre temporalité en conséquence. En centralisant les informations, les équipes évitent également les doubles emplois et améliorent l'efficacité globale.

Simplifier les échanges techniques

Il est également utile de simplifier les échanges techniques en s'assurant que les informations partagées entre les équipes ne sont pas trop chargées de jargon. Par exemple, les équipes R&D peuvent utiliser des termes complexes pour expliquer une innovation, tandis que les équipes commerciales ont besoin d'une version simplifiée pour l'expliquer aux clients. Encourager les équipes à reformuler leurs idées pour les rendre accessibles aux autres métiers est une pratique clé pour assurer une communication fluide. Des sessions de formation peuvent également être mises en place pour aider chaque équipe à comprendre le jargon des autres.

Analyse des sources de conflits temporels

Les différences temporelles entre les métiers peuvent générer des conflits si elles ne sont pas bien gérées. Voici quelques exemples de tensions fréquentes entre temporalités :

Conflit entre le T-2 (incubateur) et T+3 (commercial)

L'incubateur, qui est en phase d'expérimentation et de tests, peut être en désaccord avec l'équipe commerciale, qui anticipe déjà le besoin de lancer un produit sur le marché. Les commerciaux peuvent pousser pour un lancement rapide, alors que l'incubateur n'a pas encore validé tous les aspects du produit. Cela peut créer des tensions si l'incubateur estime que le produit n'est pas encore prêt. Pour atténuer ces conflits, il est important d'instaurer un dialogue régulier entre ces deux équipes pour aligner leurs attentes et priorités.

Conflit entre le T-3 (R&D) et T0 (marketing)

Les équipes de R&D, concentrées sur le développement à long terme, peuvent se heurter aux besoins immédiats des équipes marketing, qui cherchent à répondre aux demandes actuelles des clients. Si les équipes de R&D refusent de prioriser une demande immédiate en faveur d'un projet futur, cela peut entraîner des frictions entre les départements. La mise en place de réunions interfonctionnelles régulières peut aider à faire le pont entre ces deux temporalités.

Ces conflits peuvent être atténués en encourageant une transparence accrue sur les délais et en favorisant des compromis lorsque cela est possible. Il est crucial que chaque équipe comprenne les priorités des autres pour éviter des blocages dans les projets.

Exemples d'initiatives réussies

Certaines entreprises ont su mettre en place des initiatives qui ont permis d'améliorer la communication entre temporalités. Par exemple, chez Multios, la gestion des projets est structurée autour de la coordination des équipes techniques, commerciales et de développement, avec des réunions hebdomadaires de synchronisation des priorités. Cette initiative a permis de réduire les frictions entre les équipes, tout en garantissant que les projets avancent dans le respect des délais.

Conclusion du Chapitre 3

La communication interdisciplinaire, bien que complexe, peut être améliorée grâce à des stratégies et des outils concrets. En favorisant l'empathie, en établissant un langage commun et en encourageant des réunions régulières de synchronisation, les entreprises tendent à mieux gérer les temporalités divergentes entre les métiers. Ces efforts permettent non seulement d'améliorer l'efficacité des équipes, mais aussi de créer un environnement de travail plus harmonieux et productif.

Synthèse :
La communication entre métiers opérant sur des temporalités différentes est souvent source de conflits. L'utilisation d'outils comme les réunions de synchronisation et les tableaux de visualisation des priorités favorisent une meilleure compréhension entre équipes. La création d'un langage commun et l'encouragement à l'empathie temporelle sont des solutions efficaces pour améliorer cette communication.

Points clés à retenir :

- La reconnaissance des temporalités différentes est le premier pas vers une meilleure communication.
- Les outils visuels et collaboratifs facilitent la transparence des priorités.
- L'empathie temporelle renforce la collaboration entre équipes.

4. LES MÉTIERS ET L'ÉCHELLE TEMPORELLE

Dans toute entreprise, chaque métier opère sur une échelle temporelle spécifique, façonnée par ses priorités et ses objectifs. Cette échelle représente la manière dont chaque fonction perçoit le temps et l'impact de ses actions. Les métiers de la recherche et développement se concentrent sur des innovations à long terme, tandis que les équipes commerciales anticipent les besoins futurs des clients. Entre ces deux extrêmes, les équipes techniques et marketing doivent, elles, jongler avec les contraintes immédiates et les attentes à court terme.

Ce chapitre explore en profondeur l'échelle temporelle, qui va du T-3, où la vision est ancrée dans les projets futurs, au T+3, où la priorité est d'anticiper les besoins du marché. Chaque temporalité joue un rôle crucial dans la réussite d'une entreprise et c'est l'harmonisation de ces temporalités qui permet de maximiser la performance globale. Comprendre ces différences est essentiel pour établir une communication efficace entre les départements et pour développer des stratégies adaptées qui permettent à l'entreprise de prospérer.

T-3 : La Recherche et Développement (Vision long terme)

Le T-3 est la temporalité de la vision stratégique à long terme. Il s'agit de l'équipe de recherche et développement (R&D), des ingénieurs, des concepteurs et des visionnaires qui imaginent les technologies et produits de demain. Leur objectif est de créer des innovations qui façonneront l'avenir de l'entreprise, souvent bien avant que le marché n'ait exprimé un besoin pour ces produits ou services. Cela implique un processus d'exploration approfondie et de créativité, où le risque est souvent inévitable.

Exemple concret : Chez Apple, les ingénieurs R&D travaillent souvent sur des technologies qui ne verront le jour que dans trois ou cinq ans. La vision à long terme du T-3 est ce qui a permis à Apple de développer des technologies comme l'iPhone, en anticipant les tendances technologiques bien avant que le marché ne les exige. C'est grâce à cette capacité d'anticipation que l'entreprise est restée leader dans le secteur des nouvelles technologies.

Cependant, cette vision long terme peut parfois déconnecter les équipes de R&D des réalités immédiates de l'entreprise. Pour éviter cela, il est essentiel que les équipes T-3 collaborent étroitement avec celles qui sont sur des temporalités plus proches du présent, afin d'assurer une transition fluide de l'innovation à la mise en œuvre concrète. Une interaction régulière avec d'autres départements peut également enrichir le processus créatif, en apportant des perspectives nouvelles.

T-2 : L'incubateur (Expérimentation et validation)

Le T-2 représente la phase de l'incubation. Ici, les idées émergent, sont testées et validées avant d'être transmises aux équipes techniques pour être développées. Il s'agit d'une temporalité de l'expérimentation, où des prototypes sont créés, des concepts validés et des ajustements réalisés en fonction des retours d'expérience. C'est un moment où l'agilité est alors primordiale.

Exemple concret : Chez Tesla, les équipes en charge des batteries ou des véhicules autonomes travaillent souvent dans un espace de temporalité T-2. Elles prennent les idées issues de la R&D et les testent en conditions réelles. Cette phase est essentielle pour garantir l'intégration dans les processus industriels et le lancement sur le marché des innovations proposées par le T-3. La collaboration avec les équipes T-1 est également cruciale pour assurer que les prototypes soient non seulement fonctionnels, mais également réalisables en termes de production.

Le principal défi du T-2 est d'assurer que les idées validées sont viables sur le plan technique et commercial. La communication avec les équipes T-1 (techniques) et T+3 (commerciales) devient alors cruciale pour confirmer que ce qui est incubé correspond à ce qui sera demandé par le marché à l'avenir. Une rétroaction efficace durant cette phase peut également prévenir des écueils coûteux plus tard dans le cycle de développement.

T-1 : Le service technique (Mise en œuvre et production)

Le T-1 est la temporalité de la mise en œuvre. Les équipes techniques, souvent constituées d'ingénieurs et de responsables de production, sont en charge de la transformation des concepts validés par le T-2 en produits concrets. C'est ici que les prototypes sont transformés en lignes de production, que les chaînes de montage sont ajustées et que les produits finaux prennent forme. Le T-1 incarne donc l'efficacité opérationnelle.

Exemple concret : Dans le domaine de la fabrication automobile, les équipes techniques chez BMW travaillent sur des plans précis et concrets pour mettre en œuvre des véhicules en série. Chaque projet suit un calendrier serré, car il doit répondre aux exigences des clients tout en intégrant les innovations provenant de la R&D et de l'incubation. Le T-1 est focalisé sur l'efficacité opérationnelle et le respect des délais. L'intégration de nouvelles technologies peut également nécessiter des formations pour le personnel, ce qui accentue l'importance d'une bonne communication avec T+1.

Le défi du T-1 est souvent d'équilibrer la pression pour respecter les délais tout en assurant une production de qualité. Une bonne communication avec le T-0 (marketing) et le T+3 (commercial) est essentielle pour garantir que les produits répondent aux attentes actuelles des clients. Ce lien est fondamental pour éviter les retards et les malentendus, garantissant ainsi une transition harmonieuse entre conception et production.

T0 : Le marketing (Réponse immédiate aux besoins du marché)

Le T0 représente la temporalité du marketing et de la gestion immédiate. C'est là que l'entreprise répond aux demandes actuelles du marché. Les équipes marketing doivent être en phase avec les attentes des clients, comprendre les tendances actuelles et s'assurer que les produits répondent aux besoins immédiats des consommateurs. Leur capacité à analyser le marché en temps réel est essentielle pour le succès de l'entreprise.

Exemple concret : Chez Nike, l'équipe marketing travaille en étroite collaboration avec les clients et les magasins pour comprendre les attentes actuelles en matière de design et de fonctionnalité des chaussures. Le T0 doit réagir rapidement aux changements de tendances et adapter les campagnes de marketing pour répondre aux demandes en temps réel. Cette agilité est cruciale pour maintenir l'engagement des clients et capitaliser sur les opportunités de marché.

Le T0 est souvent sous pression pour livrer des résultats immédiats. Les équipes marketing doivent être en constante communication avec les équipes techniques pour garantir la correspondance entre les produits en cours de production et les besoins actuels des clients. Le retour d'information instantané de T0 vers T-1 et T-2 est essentiel pour adapter rapidement les priorités.

T+1 : La formation et le développement des compétences

T+1 est la temporalité dédiée à la transmission de savoir et à l'amélioration des compétences au sein de l'entreprise. Les équipes de formation jouent un rôle crucial pour garantir que les employés et les clients maîtrisent parfaitement les outils et services mis à disposition. Elles se concentrent sur l'éducation continue et la préparation des équipes aux évolutions futures. La formation est une pièce maîtresse du développement durable de l'entreprise.

Exemple : Les formateurs en T+1 chez Multios sont responsables de l'élaboration et de la mise en œuvre des programmes de formation, pour les employés internes ou pour les clients externes. Ils travaillent en étroite collaboration avec les équipes T0 (account manager) et T+2 (commerciales) pour garantir que les compétences enseignées sont adaptées aux besoins immédiats des clients. En intégrant des retours d'expérience dans leurs formations, ces équipes assurent une amélioration continue des compétences.

Le défi pour T+1 réside dans la nécessité d'anticiper les compétences futures et de développer les capacités de l'entreprise à répondre aux nouvelles exigences du marché. La mise en place de programmes de formation continue adaptés à l'évolution des technologies et des processus est indispensable pour maintenir un personnel compétent.

T+2 : La vente et la relation client

T+2 est la temporalité de la vente directe et de la gestion des relations commerciales. Les équipes T+2 se concentrent sur la conversion des prospects en clients et l'optimisation des transactions commerciales. Leur rôle est de convaincre les clients de la valeur des produits et services tout en répondant à leurs questions et en gérant les objections. La gestion des relations clients est une compétence clé qui nécessite une attention constante.

Exemple : Dans une entreprise telle que DEF Services, les commerciaux en T+2 travaillent en étroite collaboration avec les équipes T0 (gestion des comptes clients) pour maximiser la satisfaction client tout en atteignant les objectifs de vente. Ils sont également en communication fréquente avec les équipes T+3 pour aligner leurs actions avec les objectifs commerciaux à long terme. Cela leur permet de rester informés des nouvelles initiatives et de mieux anticiper les besoins des clients.

Le principal défi de T+2 est de rester réactif aux besoins immédiats des clients tout en équilibrant les contraintes internes. Une communication fluide et des échanges réguliers avec les autres départements sont essentiels pour maximiser l'efficacité des ventes.

T+3 : La planification stratégique commerciale

La temporalité T+3 représente la planification stratégique à long terme. Le rôle des équipes T+3 est d'identifier les tendances émergentes et de définir une stratégie de croissance pour l'entreprise sur plusieurs années. Cela implique une vision claire et une anticipation des changements à venir dans le marché.

Exemple : Chez DEF Services, le directeur commercial en T+3 travaille sur des plans de croissance à long terme tout en collaborant avec les équipes T+1 pour s'assurer de l'alignement de la formation des équipes avec les objectifs futurs de l'entreprise. En même temps, il est en dialogue constant avec les responsables de T0 et T+2 pour garantir partage de la vision stratégique à tous les niveaux. Cette approche intégrée assure une continuité dans les objectifs et les actions à tous les niveaux de l'organisation.

Le défi de T+3 est d'anticiper les changements du marché tout en restant flexible pour mettre au point la stratégie lorsque des opportunités inattendues ou des défis surgissent. La capacité à pivoter et à s'adapter aux circonstances changeantes est cruciale pour garantir la pérennité de l'entreprise.

L'harmonisation des temporalités : Un outil stratégique

Chaque secteur présente des défis uniques en matière de gestion du temps et des priorités. Les entreprises doivent naviguer dans un environnement complexe, où les exigences des clients, les innovations technologiques et les dynamiques de marché évoluent à un rythme effréné. Il est donc crucial d'adapter les stratégies de gestion des temporalités en fonction du domaine d'activité. Comprendre ces défis et mettre en œuvre des solutions adaptées peut faire la différence entre le succès et l'échec d'un projet.

Défis de la gestion des temporalités par secteur

- **Secteur technologique** : Dans ce domaine, les entreprises doivent souvent jongler avec des cycles de développement rapides tout en répondant à des attentes clients élevées. Les équipes de R&D peuvent avoir des visions à long terme, mais les produits doivent être mis sur le marché rapidement. Cela crée un besoin urgent d'harmonisation entre les départements R&D, techniques et marketing.

- **Secteur manufacturier** : Les entreprises manufacturières doivent équilibrer la production efficace avec l'innovation. Les équipes de production (T-1) travaillent à optimiser les processus pour respecter les délais, tandis que les équipes de R&D (T-3) planifient des innovations qui nécessitent un investissement en temps. Les retards dans la production peuvent également entraîner des coûts supplémentaires et nuire à la réputation de l'entreprise.

- **Secteur des services** : Les entreprises de services doivent répondre rapidement aux besoins des clients, ce qui peut créer des tensions entre les équipes de service client (T0) et celles chargées de la planification stratégique (T+3). La communication entre ces équipes est essentielle pour garantir une satisfaction client optimale tout en respectant les objectifs à long terme.

Stratégies d'harmonisation des temporalités

Identifier les divergences dès le début d'un projet

Pour réussir, il est fondamental d'identifier les divergences temporelles dès le début d'un projet. Cela implique une évaluation approfondie des besoins de chaque département, ainsi qu'une compréhension des délais et des objectifs spécifiques. Des ateliers collaboratifs peuvent être organisés pour rassembler toutes les parties prenantes et établir un cadre de référence commun. Ces sessions permettront de définir les priorités et d'identifier les points de friction potentiels, ce qui facilitera la gestion des attentes.

Instaurer des points de convergence réguliers

L'une des solutions les plus efficaces pour harmoniser les temporalités est d'instaurer des points de convergence réguliers. Ces moments de rencontre doivent être consacrés à la synchronisation des priorités et à l'échange d'informations. Parmi les outils pratiques que les entreprises peuvent utiliser pour atteindre cet objectif, on trouve :

- **Réunions de synchronisation** : Ces réunions permettent aux équipes de discuter de l'avancement des projets, de partager des retours d'expérience et de corriger les priorités en fonction des réalités du marché. Par exemple, une entreprise de technologie pourrait organiser des réunions hebdomadaires où les équipes R&D et commerciales peuvent échanger sur les innovations en cours et les besoins du marché.

- **Tableaux de visualisation partagée des priorités** : L'utilisation d'outils visuels, tels que des tableaux Kanban ou des diagrammes de Gantt, permet de centraliser les informations et de fournir une vue d'ensemble des tâches en cours. Cela aide à identifier les chevauchements et à éviter les conflits. En rendant les priorités visibles à tous, les équipes peuvent mieux comprendre les enjeux des autres et s'ajuster en conséquence.

Avantages de l'harmonisation des temporalités

- **Amélioration de la communication** : En instaurant des mécanismes de communication réguliers, les entreprises peuvent réduire les malentendus et favoriser un dialogue ouvert entre les équipes. Cela permet également de créer un climat de confiance où les membres des équipes se sentent valorisés et écoutés.

- **Renforcement de la cohésion d'équipe** : Lorsqu'il existe une compréhension claire des priorités et des attentes, les équipes peuvent mieux collaborer. Ce fonctionnement renforce la cohésion interne et favorise un environnement de travail plus collaboratif, où chaque membre se sent impliqué dans la réussite collective.

- **Augmentation de l'efficacité globale** : En harmonisant les temporalités, les entreprises peuvent améliorer leur efficacité globale. La réduction des frictions entre les équipes permet de minimiser les retards et d'optimiser l'utilisation des ressources. Ce qui conduit à des cycles de développement plus rapides et à une meilleure réactivité face aux besoins du marché.

- **Innovation continue** : Une bonne harmonisation des temporalités favorise l'innovation continue. En permettant aux équipes R&D de collaborer étroitement avec les équipes marketing et commerciales, les entreprises peuvent développer des produits qui répondent réellement aux besoins du marché, tout en restant à la pointe des tendances technologiques.

Conclusion du Chapitre 4 : L'importance de l'alignement temporel

L'échelle temporelle des métiers, allant du T-3 (vision stratégique et innovation) au T+3 (anticipation et planification commerciale), est un outil puissant pour comprendre les dynamiques internes d'une entreprise. Cependant, l'alignement de ces temporalités est un défi constant. Si chaque fonction reste isolée dans sa propre temporalité, l'entreprise peut souffrir de retards, de malentendus ou de désalignement stratégique. L'harmonisation des temporalités est donc essentielle pour permettre une collaboration fluide et assurer la compétitivité de l'entreprise.

Le prochain chapitre abordera les groupes de sublimation et les outils pratiques qui permettent de renforcer cette harmonisation entre les temporalités et de favoriser une collaboration encore plus efficace.

Synthèse :
Chaque métier a son propre horizon temporel, allant de la vision long terme (T-3, R&D) à l'action immédiate (T0, marketing). L'alignement de ces temporalités permet d'éviter des conflits et d'améliorer la productivité de l'entreprise. L'exemple de Tesla et Apple illustre la manière dont une bonne gestion de l'échelle temporelle peut conduire à l'innovation et au succès.

Points clés à retenir :

- La R&D se projette dans le futur (T-3), tandis que le marketing gère l'immédiateté (T0).

- L'alignement temporel est nécessaire pour éviter les tensions entre métiers.

- Des réunions régulières entre équipes de temporalités différentes permettent une meilleure synchronisation.

5. LES GROUPES DE SUBLIMATION

L'idée des groupes de sublimation repose sur un concept puissant : celui de l'harmonisation des énergies, des talents et des temporalités au sein d'une entreprise pour faire émerger des solutions innovantes et surmonter les conflits intermétiers. Ces groupes représentent des équipes transversales, composées de membres issus de différentes fonctions de l'entreprise, qui se réunissent pour travailler sur des objectifs communs tout en alignant leurs visions temporelles divergentes. Dans un monde professionnel en constante évolution, cette approche devient de plus en plus pertinente.

Le terme **sublimation** fait référence à la transformation d'un potentiel brut en quelque chose de plus raffiné, plus performant. Dans ce contexte, il ne s'agit pas seulement de la transformation des idées ou des compétences individuelles, mais de la capacité d'une équipe à transcender ses différences, à faire converger ses temporalités (court, moyen, long terme) pour atteindre des résultats collectifs supérieurs.

Qu'est-ce qu'un groupe de Sublimation ?

Un groupe de sublimation est une équipe temporaire, souvent formée autour d'un projet ou d'une mission spécifique, composée de membres issus de différents départements : production, logistique, marketing, ventes etc. L'idée est d'exploiter les différentes temporalités et expertises présentes dans ces fonctions pour résoudre des problèmes complexes ou pour innover. L'interdisciplinarité est ici au cœur du processus.

Ces groupes permettent de briser les silos organisationnels en créant un espace de travail collaboratif où chaque membre contribue avec sa perspective unique tout en apprenant des autres. Cela aide à développer une compréhension mutuelle des priorités et des contraintes spécifiques à chaque fonction, facilitant ainsi une communication plus fluide et une prise de décision plus rapide.

Les avantages des groupes de sublimation

- **Innovation collective** : La diversité des membres au sein d'un groupe de sublimation favorise la créativité. Réunir des personnes avec des expertises et des expériences variées, on augmente les chances d'émergence d'idées nouvelles et de solutions innovantes. Par exemple, dans une entreprise technologique, un ingénieur, un marketeur et un représentant des ventes travaillant ensemble sur un projet peuvent générer des concepts qui n'auraient pas vu le jour dans un cadre traditionnel.

- **Flexibilité et agilité** : Les groupes de sublimation sont généralement formés pour des missions spécifiques, ce qui leur confère une flexibilité. Ils peuvent s'adapter rapidement aux besoins changeants du marché ou aux défis émergents, permettant à l'entreprise de réagir efficacement. Cette agilité est particulièrement cruciale dans les environnements d'affaires modernes, où les temps de réponse peuvent déterminer le succès d'une initiative.

- **Apprentissage interne** : Ces groupes sont des espaces d'apprentissage mutuel. Chaque membre peut acquérir de nouvelles compétences et comprendre les défis et réalités des autres départements. Cela contribue non seulement au développement professionnel des individus, mais aussi à la création d'une culture d'entreprise plus intégrée et coopérative.

- **Réduction des conflits** : En favorisant la communication entre différents départements, les groupes de sublimation peuvent réduire les malentendus et les tensions qui peuvent survenir lorsque les temporalités ne sont pas alignées. Les membres apprennent à apprécier les priorités des autres, ce qui favorise un environnement de travail plus harmonieux.

Mise en œuvre des groupes de sublimation

Pour qu'un groupe de sublimation soit efficace, plusieurs étapes clés doivent être suivies :

Identification des projets

En premier lieu, il est important d'identifier des projets spécifiques qui bénéficieraient de l'interdisciplinarité. Les dirigeants doivent évaluer les besoins de l'entreprise et sélectionner les initiatives avec une approche collaborative.

Composition des équipes

Ensuite, la composition des équipes doit être soigneusement considérée. Il est essentiel d'inclure des membres de divers départements, mais aussi de veiller à ce que chaque membre apporte une expertise complémentaire qui pourra enrichir le groupe. Par exemple, une équipe de développement d'un nouveau produit pourrait inclure des membres de la R&D, des ventes et du service client pour garantir la prise en compte de toutes les perspectives.

Cadre de travail collaboratif

Un cadre de travail collaboratif doit être établi. Cela peut inclure des outils numériques pour la communication et la gestion de projets, des plateformes de partage d'informations, ainsi que des espaces physiques où les membres peuvent se réunir et travailler ensemble. Par exemple, l'utilisation de logiciels comme Slack ou Microsoft Teams peut faciliter les échanges quotidiens, tandis que des outils comme Trello aident à visualiser les étapes et les responsabilités de chacun.

Formation à l'interdisciplinarité

Il peut également être bénéfique d'organiser des formations pour sensibiliser les membres à l'importance de l'interdisciplinarité et leur apprendre à travailler efficacement en groupe. Ces sessions peuvent aborder les compétences en communication, la gestion des conflits et la résolution de problèmes en équipe. Une culture de collaboration commence par une compréhension partagée des valeurs et des objectifs.

Exemples de groupes de sublimation dans des entreprises réelles

1. Apple et le développement de l'Apple Watch : Lors du développement de l'Apple Watch, Apple a formé des groupes de sublimation composés d'ingénieurs, de designers, de spécialistes du marketing et d'analystes de données. Cette approche a permis d'allier innovation technologique et compréhension approfondie des besoins des consommateurs. Les équipes ont travaillé ensemble pour s'assurer que la montre ne soit pas seulement un produit technologique, mais aussi un accessoire de mode répondant aux attentes des clients.

2. Tesla et la conception de véhicules autonomes : Tesla a mis en place des groupes de sublimation pour ses projets de véhicules autonomes. Ces équipes ont réuni des experts en technologie, en sécurité, en réglementation et en marketing pour développer un produit répondant aux exigences de performance et de sécurité, tout en assurant un alignement avec les attentes des clients. Ce travail interdisciplinaire a permis d'accélérer le développement de nouvelles fonctionnalités tout en tenant compte des implications légales et éthiques.

3. Multios et l'innovation produit : Multios a récemment constitué un groupe de sublimation pour effectuer une analyse pragmatique des nouvelles fonctionnalités de son logiciel Facteris ERP. Ce groupe a réuni le directeur de production (T-3), le service de développement (T-2) et la responsable marketing (T+1) pour concevoir de nouvelles fonctionnalités et élaborer des stratégies de lancement adaptées au marché. Cette initiative a permis à l'entreprise de mieux comprendre les besoins du marché et de répondre rapidement aux défis de développement.

Exemple de cas pratique : Les *Tisserands Modernes* dans l'industrie artisanale

Prenons l'exemple d'une entreprise spécialisée dans la confection artisanale de tissus de haute qualité, appelée les *Tisserands Modernes*. Cette entreprise allie savoir-faire traditionnel et innovations modernes pour créer des textiles destinés à l'industrie du luxe. Confrontée à des tensions internes entre les artisans (T-1) focalisés sur la production immédiate et les designers (T+3) qui planifient les collections à venir, l'entreprise a décidé de former un *groupe de sublimation*.

Formation du groupe : Le groupe a été constitué de représentants des ateliers de tissage (T-1), des équipes de création artistique (T+3), des gestionnaires de stock (T0) et des commerciaux (T+2) responsables des ventes aux grandes marques de mode.

Objectif commun : L'objectif était de concevoir une nouvelle collection de tissus innovants, tout en garantissant la qualité artisanale, la gestion efficace des stocks et une introduction sur le marché alignée avec les tendances saisonnières du luxe.

Étapes de mise en place :

1. Ateliers de collaboration : Les designers (T+3) ont partagé leur vision pour la collection des deux prochaines années, expliquant les inspirations artistiques et les attentes des grandes marques. Les artisans (T-1) ont évoqué leurs contraintes en termes de matériaux et de techniques de tissage, tout en proposant des innovations dans les motifs et textures.

2. Réunions de synchronisation : Des réunions hebdomadaires ont été mises en place pour concilier les priorités. Les gestionnaires de stock (T0) ont joué un rôle clé dans la planification des ressources, en s'assurant que les matériaux nécessaires seraient disponibles dans les délais requis, tandis que les commerciaux (T+2) ont contribué à évaluer la demande des clients pour chaque type de tissu.

Résultats :

- **Amélioration de la collaboration :** Les tensions entre les artisans et les designers ont été réduites, chaque partie mesurant davantage les contraintes et opportunités des autres. Les gestionnaires de stock ont pu anticiper les besoins, évitant ainsi les ruptures de matériaux.
- **Innovation textile :** Le travail collaboratif a généré des idées innovantes, avec l'introduction d'un nouveau fil combinant

techniques traditionnelles et textiles écoresponsables, répondant ainsi aux attentes des grandes marques.

- **Meilleure gestion des délais :** Grâce aux réunions de synchronisation régulières, la collection a été lancée à temps pour la saison, avec une qualité irréprochable.

Les avantages des Groupes de Sublimation

- **Réduction des frictions temporaires :** Ces groupes permettent d'aligner les temporalités divergentes au sein de l'entreprise en créant un espace où ces différences sont non seulement reconnues, mais également exploitées afin d'innover.

- **Stimulation de l'innovation :** En réunissant des personnes de différents métiers autour d'un projet commun, les groupes de sublimation favorisent l'émergence d'idées créatives qui ne seraient peut-être pas apparues autrement.

- **Renforcement des Compétences Transversales :** Les membres du groupe développent une meilleure compréhension des enjeux des autres métiers, ce qui renforce la coopération et l'empathie interdisciplinaire.

- **Meilleure Réactivité :** Grâce aux échanges réguliers et à la diversité des perspectives, les groupes de sublimation permettent de réagir plus rapidement aux problèmes émergents.

Les Défis des Groupes de Sublimation

- **Coordination :** Un leadership fort et une coordination efficace sont nécessaires pour maintenir le groupe sur la bonne voie. Sans une direction claire, les membres risquent de se concentrer uniquement sur leurs propres priorités.

- **Conflits :** Même au sein d'un groupe de sublimation, des tensions peuvent apparaître en raison des différences de culture ou de priorités. Il est important d'établir des mécanismes de résolution des conflits.

- **Ressources :** La mise en place de ces groupes demande du temps et des ressources, mais les bénéfices à long terme compensent souvent ces coûts.

Conclusion du Chapitre 5 :

Les *groupes de sublimation* offrent une approche innovante pour gérer les divergences temporelles au sein des entreprises, en particulier dans les industries traditionnelles. Qu'il s'agisse d'une entreprise textile ou d'un autre secteur, ces groupes permettent d'harmoniser les compétences et temporalités pour innover et maximiser les résultats

Cependant, leur succès repose sur une mise en place rigoureuse, une bonne coordination et une gestion proactive des conflits. Lorsque ces conditions sont réunies, les groupes de sublimation peuvent devenir un outil stratégique majeur pour toute organisation souhaitant harmoniser ses équipes et anticiper les défis futurs.

Dans un environnement d'affaires où la vitesse et la réactivité sont primordiales, les groupes de sublimation deviennent un atout indispensable, favorisant une culture de collaboration et d'agilité. Les entreprises qui réussissent à tirer parti de ces groupes seront mieux positionnées pour faire face aux défis futurs et saisir les opportunités qui se présentent à elles.

Dans le prochain chapitre, nous aborderons les outils pratiques et méthodologies que vous pouvez utiliser pour favoriser cette sublimation et améliorer l'efficacité de la communication entre les temporalités.

Synthèse :
Les groupes de sublimation représentent un outil puissant pour favoriser l'innovation et l'harmonisation des temporalités dans l'entreprise. En réunissant des équipes de métiers et de temporalités différentes, ils permettent de résoudre des problèmes complexes, d'accélérer les prises de décisions et de stimuler la collaboration interdisciplinaire.

Points clés à retenir :

- Les groupes de sublimation favorisent la synchronisation des objectifs à court, moyen et long terme.

- Ils permettent de résoudre des conflits temporels et d'accélérer l'innovation.

- La régularité des réunions et l'utilisation d'outils collaboratifs sont des éléments clés de leur succès.

6. LES OUTILS INFORMATIQUES

Dans une entreprise moderne, la coordination des équipes est un défi constant, surtout lorsque chaque fonction opère selon des temporalités différentes. Les outils informatiques jouent un rôle crucial pour **faciliter la gestion des priorités**, améliorer la communication entre les équipes et permettre une **vision partagée** des objectifs de l'entreprise à court, moyen et long terme.

Les plateformes de gestion de projets, les outils collaboratifs et les tableaux de bord analytiques permettent aux équipes de rester alignées sur leurs priorités respectives tout en favorisant la transparence des processus. Par ailleurs, l'intelligence artificielle, en analysant les données en temps réel, permet d'anticiper les obstacles, d'optimiser les flux de travail et de proposer des solutions qui renforcent la cohésion des temporalités au sein des organisations.

Dans ce chapitre, nous allons explorer différents types d'outils informatiques qui aident à synchroniser les équipes et à renforcer la communication interdisciplinaire. Ces outils sont essentiels pour optimiser les processus internes et maximiser l'efficacité des projets.

Les Plateformes de Gestion de Projets

Les **plateformes de gestion de projets** sont des outils essentiels pour visualiser les tâches, les priorités et les échéances des différentes équipes au sein de l'entreprise. Des solutions comme **Trello**, **Asana**, **Microsoft Project** ou **Jira** permettent aux responsables de projets et aux équipes de suivre les progrès en temps réel et de s'adapter rapidement aux changements de priorités.

Ces outils offrent la possibilité de créer des tableaux de tâches partagés entre plusieurs départements. Par exemple, dans une entreprise technologique, les équipes **T-3** (recherche et développement) peuvent suivre l'avancement de leurs projets à long terme, tandis que les équipes **T0** (marketing) peuvent visualiser les dates clés pour planifier des campagnes de lancement de produits. L'intégration des temporalités dans ces plateformes permet à chaque équipe de mieux comprendre les priorités des autres, favorisant ainsi une prise de décision plus éclairée.

Exemple : Chez **ABC Services**, l'utilisation de **Jira** a permis de synchroniser les équipes de développement logiciel (T-1) avec les équipes de support client (T0), réduisant ainsi les délais de traitement des incidents tout en assurant une meilleure coordination des mises à jour logicielles.

Les Plateformes de Communication et de Collaboration

La communication entre les équipes représente souvent un point de friction, surtout lorsque chaque équipe travaille sur des horizons temporels différents. Les **plateformes de communication et de collaboration** comme **Workspace Google**, **Notion**, **Microsoft Teams**, ou les systèmes intégrés dans des ERP comme **Facteris** permettent de centraliser les échanges, d'améliorer la transparence et de faciliter la collaboration.

Ces outils permettent de créer des **espaces de travail virtuels**, où les équipes partagent des documents, des rapports et des mises à jour de projets en temps réel. Ils réduisent le besoin de réunions physiques et permettent aux équipes de rester connectées, peu importe où elles se trouvent.

Exemple : Dans une entreprise comme **Multios Academy**, les équipes de **T-2** et **T+3** utilisent Facteris pour coordonner leurs actions marketing et commerciales. Les informations sont centralisées et chaque membre de l'équipe peut suivre les progrès, poser des questions ou proposer des idées sans avoir besoin de planifier une réunion formelle. Cela permet de gagner du temps et d'améliorer la fluidité des échanges.

Les Tableaux de Bord Analytiques

Les **tableaux de bord analytiques** constituent des outils puissants pour suivre les performances des projets, des équipes et des processus en temps réel. Des solutions comme **Tableau** ou **Power BI** permettent aux managers et aux équipes de visualiser les données clés, d'analyser les tendances et d'harmoniser les stratégies en fonction des résultats.

Ces outils sont particulièrement utiles pour aligner les temporalités au sein de l'entreprise. En visualisant les performances actuelles (T0) et en anticipant les besoins futurs (T+3), les équipes peuvent mieux coordonner leurs actions et s'assurer que leurs objectifs sont atteints.

Exemple : Chez **ABC Services**, l'intégration de **Power BI** dans le système Facteris ERP a permis aux équipes de suivre les performances des ventes en temps réel. Les données recueillies sur le terrain sont immédiatement analysées, permettant aux équipes commerciales d'ajuster leurs actions en fonction des résultats, tout en donnant une vision claire aux équipes de direction sur les tendances futures.

Conclusion du Chapitre 6

Les **outils informatiques** sont essentiels pour renforcer la coordination entre les différentes temporalités au sein d'une entreprise. Qu'il s'agisse de plateformes de gestion de projets, d'outils collaboratifs, de tableaux de bord analytiques, ces technologies permettent de centraliser les informations, de visualiser les priorités des équipes et d'anticiper les défis à venir. En intégrant ces outils dans leurs processus internes, les entreprises harmonisent davantage leurs temporalités et améliorent la communication interdisciplinaire.

Synthèse

Les outils informatiques jouent un rôle central dans la synchronisation des temporalités. Les plateformes de gestion de projets, les outils de communication et les tableaux de bord analytiques permettent une meilleure coordination des équipes et une gestion en temps réel des priorités.

Points clés à retenir :

- Les plateformes de gestion de projets et les outils collaboratifs améliorent la synchronisation entre équipes.

- Les tableaux de bord analytiques offrent une vue d'ensemble des projets et des temporalités.

7. LES CAS SPÉCIFIQUES ET LES MÉTIERS À TEMPORALITÉ PARTICULIÈRE

Dans les chapitres précédents, nous avons exploré les différentes temporalités au sein des entreprises, de la vision à long terme (T-3) à la gestion immédiate des besoins des clients (T0). Cependant, certains métiers ou secteurs d'activité présentent des **temporalités uniques**, qui sortent de ce cadre traditionnel. Ces professions ou industries nécessitent une approche temporelle plus fine et plus adaptée à leurs spécificités.

Dans certains cas, ces temporalités sont centrées sur l'**urgence**, avec une réactivité immédiate et des enjeux à très court terme. À l'autre extrême, certains métiers doivent gérer des projets avec des horizons temporels si éloignés qu'ils nécessitent une planification sur des décennies. Ce chapitre a pour objectif de montrer les diverses manières d'adapter la gestion des temporalités pour répondre aux contraintes de ces métiers spécifiques.

Métiers avec Temporalité de court terme

Certaines professions et industries opèrent dans une temporalité de **court terme**, où la réactivité et l'adaptation rapide sont essentielles. Ces métiers, souvent liés à des services d'urgence ou des opérations critiques, nécessitent une capacité à réagir instantanément aux demandes imprévues, aux crises ou aux incidents.

Exemple : Secteur de la santé

Dans le domaine médical, en particulier dans les services d'urgence, la temporalité est dominée par l'immédiateté. Les médecins, infirmiers et personnel paramédical doivent être capables de prendre des décisions critiques en un temps très court. La capacité à prioriser les actions selon l'urgence du patient est cruciale. Par conséquent, la gestion des temporalités dans ces secteurs nécessite des outils de communication qui facilitent des échanges rapides et une hiérarchisation claire des priorités

Exemple : Services de maintenance et réparation

Dans l'industrie, les services de maintenance, qu'il s'agisse de réparations d'infrastructures critiques ou de dépannage d'équipements, sont également dans une temporalité de **T0**. Leur rôle est de résoudre les problèmes en temps réel, souvent avec des marges de manœuvre très limitées. La clé de leur efficacité réside dans leur capacité à accéder rapidement aux informations nécessaires et à mobiliser les ressources adéquates, tout en communiquant efficacement avec les équipes de supervision et les clients.

Métiers avec Temporalité de long terme

À l'inverse, certains métiers se concentrent sur des projets à **long terme**, avec des horizons temporels s'étendant sur plusieurs décennies. Ces secteurs, souvent liés à l'innovation technologique, aux infrastructures ou à la recherche fondamentale, nécessitent une gestion minutieuse de la planification stratégique, ainsi qu'une anticipation des évolutions du marché, des technologies et des attentes sociétales.

Exemple : L'industrie spatiale

Dans l'industrie spatiale, la planification se fait souvent sur des cycles de développement de 10 à 20 ans. Les missions spatiales impliquent des phases de conception, de tests et de lancement qui s'étalent sur plusieurs années, voire décennies. Chaque étape nécessite une coordination minutieuse entre les équipes techniques, les scientifiques et les partenaires externes. Le **T-3** de cette industrie est dominé par une vision à long terme, où l'innovation technologique et la recherche de financements sont au cœur des préoccupations.

Exemple : Secteur de l'énergie

Le développement d'infrastructures énergétiques, telles que les centrales électriques ou les réseaux de distribution, s'inscrit également dans une temporalité de long terme. Les projets de construction de centrales nucléaires, par exemple, peuvent s'étendre sur plusieurs décennies, de la planification initiale à la mise en service. La gestion de ces temporalités requiert une anticipation des évolutions technologiques, des besoins énergétiques à venir, ainsi qu'une capacité à gérer les aspects réglementaires et financiers sur de longues périodes.

Adapter la gestion à ces métiers

Pour ces métiers spécifiques, la gestion des temporalités nécessite une approche plus flexible et dynamique. Voici quelques **stratégies clés** pour s'adapter aux besoins de ces professions :

- **Flexibilité organisationnelle** : Les équipes qui opèrent dans des temporalités de court terme doivent être particulièrement flexibles et agiles. La capacité à réagir rapidement aux changements et à mobiliser des ressources de manière immédiate est essentielle. Les entreprises peuvent favoriser cette flexibilité en intégrant des outils de gestion de projets en temps réel et des plateformes de communication rapide.

- **Planification stratégique et prévision à long terme** : Pour les métiers à long terme, la planification stratégique doit être ancrée dans une anticipation rigoureuse des besoins futurs. La gestion des ressources humaines et financières doit être pensée pour s'étaler sur plusieurs années, voire décennies. Les outils de simulation et de prévision, souvent alimentés par l'intelligence artificielle, jouent ici un rôle clé pour agencer les plans en fonction des nouvelles données.

Études de Cas

Un exemple de gestion réussie des temporalités à long terme est celui de l'entreprise **SpaceX**, qui a réussi à aligner ses projets de développement spatial sur une vision de plusieurs décennies. En s'appuyant sur des équipes de recherche et développement visionnaires (T-3) et des équipes techniques ultra-réactives (T-1), SpaceX a su anticiper les besoins du secteur tout en restant flexible face aux défis techniques et financiers.

À l'autre extrême, l'entreprise de services d'urgence **Healthcare** a mis en place une gestion en temps réel de ses Ressources Humaines et matérielles pour répondre aux urgences médicales. Grâce à l'utilisation d'outils de gestion en temps réel et à une coordination efficace entre les équipes, elle a pu réduire considérablement les temps de réponse tout en assurant une meilleure qualité de service.

Conclusion du Chapitre 7

Certains métiers ou secteurs présentent des temporalités uniques nécessitant une approche spécifique en termes de gestion et de communication. Qu'il s'agisse de réactivité immédiate ou de planification à long terme, les entreprises doivent adapter leurs méthodes de gestion pour répondre aux défis temporels propres à chaque profession. Dans le prochain chapitre, nous explorerons les possibilités de mises en œuvre de ces adaptations grâce à des groupes de travail interdisciplinaires.

Synthèse :

Certaines industries, comme la santé ou l'énergie, ont des temporalités uniques nécessitant une approche spécifique. Les métiers à temporalité courte, tels que les services d'urgence, et ceux à long terme, comme l'industrie spatiale, doivent adapter leur gestion temporelle à leurs contraintes particulières.

Points clés à retenir :

- Les métiers à court terme demandent une grande réactivité, par exemple le domaine de la santé.
- Les métiers à long terme, tels que le secteur de l'énergie, exigent une planification stratégique sur des décennies.
- L'adaptation des outils et des processus est essentielle pour répondre aux défis de chaque temporalité.

8. LA VISION MIROIR ET LES RÉFLEXIONS TEMPORELLES

Introduction

Dans le monde dynamique des affaires d'aujourd'hui, les entreprises sont confrontées à un défi constant : aligner les différentes temporalités qui coexistent au sein de leurs équipes. Du développement de produits à long terme à la réponse marketing immédiate, chaque département opère selon son propre rythme, avec ses propres priorités et objectifs. Cette diversité de perspectives temporelles, si elle n'est pas gérée efficacement, peut engendrer des conflits, des malentendus et une perte d'efficacité.

C'est là qu'intervient la Vision Miroir, un concept novateur permettant de synchroniser ces différentes temporalités et de créer une synergie au sein de l'organisation.

La Vision Miroir : Un concept révolutionnaire

La Vision Miroir est une approche de gestion qui permet aux équipes travaillant sur des horizons temporels différents de se comprendre et de collaborer efficacement. Imaginez un miroir qui reflète non seulement votre propre image, mais aussi celle des autres. La Vision Miroir offre cette faculté aux équipes, leur permettant de visualiser leurs propres objectifs et priorités, tout en comprenant ceux des autres départements. Cette compréhension mutuelle est la clé d'une collaboration fructueuse et d'une meilleure coordination des efforts.

1. Définition plus profonde de la Vision Miroir

- **Qu'est-ce que la Vision Miroir ?** La Vision Miroir est l'outil qui aide une entreprise à se regarder de l'intérieur. Elle prend la forme d'un audit temporel où chaque département évalue non seulement ses performances immédiates, mais également la manière dont il anticipe ses actions futures et réagit aux événements passés. La Vision Miroir peut être vue comme un moment de réflexion collective pour ajuster les stratégies.

- **Pourquoi est-elle nécessaire ?** : Dans des entreprises où les temporalités sont souvent déconnectées, la Vision Miroir permet de réconcilier ces décalages, identifiant ainsi les points de tension ou de blocage. Cet exercice de "réalignement" peut éviter bien des dysfonctionnements futurs.

Cas d'une entreprise prospère : L'exemple d'une entreprise manufacturière utilisant la Vision Miroir

Pour illustrer l'application réussie de la Vision Miroir, prenons l'exemple de **FabriCo**, une entreprise manufacturière spécialisée dans la production d'équipements industriels. FabriCo se distingue par son approche proactive de gestion des temporalités, qu'elle a optimisée à travers un processus régulier d'auto-évaluation appelé **Vision Miroir**. Cette entreprise, en pleine croissance, fabrique des composants de haute précision pour des industries variées, de l'automobile à l'aéronautique. Elle doit donc constamment jongler avec des cycles d'innovation technologique (R&D à long terme, T-3), la gestion des commandes en cours (production, T-1) et l'anticipation des besoins futurs de ses clients (prévisions commerciales, T+3).

Le contexte de FabriCo

Au fil des années, FabriCo a constaté que ses départements fonctionnaient souvent de manière déconnectée. Le service de recherche et développement (T-3), chargé de créer de nouvelles technologies, fonctionnait avec une temporalité de plusieurs années, cherchant toujours à développer des produits de pointe pour le futur. En revanche, le département de production (T-1) était concentré sur les commandes en cours, subissant parfois des retards et des goulets d'étranglement dans la chaîne de fabrication. Pendant ce temps, le service commercial (T+3) avait pour mission de projeter les ventes sur le long terme, souvent sans vision claire des capacités de production ou des délais de mise sur le marché des nouvelles innovations.

Cette déconnexion des temporalités créait des tensions internes, des malentendus entre les équipes et des inefficacités qui se répercutaient sur la performance globale de FabriCo.

2. L'introduction de la Vision Miroir

Consciente de ce problème, la direction de FabriCo a introduit un processus annuel de **Vision Miroir**. L'objectif de ce processus était de permettre à chaque département de "se regarder" dans un miroir et d'évaluer ses performances passées, actuelles et futures. Plus important encore, chaque service devait comprendre et intégrer les priorités des autres départements pour assurer un alignement global.

Chaque année, FabriCo suspend ses opérations pendant deux jours pour que tous les départements puissent se réunir dans des ateliers interdisciplinaires. Durant ces ateliers, les équipes de R&D, de production et commerciales partagent leurs résultats, leurs obstacles et leurs objectifs pour l'année à venir.

3. Identification des goulets d'étranglement en T-1

L'un des premiers résultats majeurs du processus de Vision Miroir a été la révélation des goulets d'étranglement dans la chaîne de production (T-1). Grâce aux discussions entre les équipes de production et les commerciaux, il est apparu que certaines commandes étaient régulièrement retardées en raison d'une mauvaise gestion des stocks de matières premières. Les responsables de production (T-1) peinaient à prévoir leurs besoins en matériaux en fonction des prévisions de ventes (T+3), ce qui créait des ruptures de stock au moment de la fabrication.

En utilisant la Vision Miroir, FabriCo a mis en place une meilleure synchronisation entre la production (T-1) et les prévisions commerciales (T+3). Désormais, les commerciaux communiquent régulièrement leurs prévisions de ventes à l'équipe de production, qui ajuste ses stocks en conséquence. Cette nouvelle approche a non seulement réduit les retards de livraison, mais aussi diminué les coûts liés au stockage excessif de matériaux.

4. Ajustement des prévisions de ventes en T+3

Un autre point d'amélioration a concerné le département commercial, qui avait tendance à établir des prévisions de ventes ambitieuses sans tenir compte des capacités réelles de production (T-1). Lors d'une session de Vision Miroir, les équipes commerciales ont appris que certaines innovations en cours de développement par la R&D (T-3) prendraient plus de temps à être finalisées que prévu. Cela a conduit à une réévaluation des délais de mise sur le marché de certains nouveaux produits, permettant au département commercial de mieux adapter ses projections de ventes (T+3) à la réalité industrielle.

Cette synchronisation a également renforcé la crédibilité de FabriCo auprès de ses clients, car les délais de livraison sont désormais plus précis et mieux respectés. La communication entre la R&D et le service commercial s'est également améliorée, le premier communiquant des informations plus régulières sur l'avancement des projets de développement.

5. Résultats obtenus grâce à la Vision Miroir

Depuis l'adoption de la Vision Miroir, FabriCo a observé plusieurs résultats concrets :

- **Réduction des retards de production de 25 %** : Grâce à une meilleure anticipation des besoins en matériaux et à une communication plus fluide entre les départements.

- **Amélioration de la satisfaction client** : Les prévisions de livraison étant désormais plus fiables, les clients sont mieux informés, ce qui a amélioré la relation avec les principaux partenaires commerciaux de FabriCo.

- **Optimisation des stocks** : Les stocks de matières premières sont désormais gérés de manière plus dynamique, ce qui a permis de réduire les coûts de stockage de 15 %.

- **Accélération de l'innovation** : En rapprochant les équipes de R&D (T-3) et commerciales (T+3), FabriCo a pu mieux prioriser les projets de développement, en fonction des attentes du marché et des ressources disponibles.

FabriCo est un exemple concret de la manière dont l'application régulière de la Vision Miroir peut permettre à une entreprise de synchroniser ses temporalités internes, d'améliorer ses processus et de renforcer sa compétitivité. En encourageant chaque département à se "regarder" et à comprendre les contraintes des autres services, l'entreprise a réussi à créer une culture de collaboration proactive. Ce processus continu permet à FabriCo de rester agile face aux évolutions du marché tout en capitalisant sur ses forces internes.

Ce modèle pourrait facilement être adapté à d'autres industries, que ce soit dans le secteur des services ou dans des environnements plus dynamiques, comme la technologie ou la mode, où la rapidité de réaction aux tendances est cruciale.

6. Outil pour harmoniser les Temporalités

- La Vision Miroir peut être positionnée comme une méthode pour synchroniser les temporalités divergentes (T-3 à T+3). Par exemple, une entreprise pourrait se rendre compte, via cet exercice, que ses départements R&D (T-3) sont trop déconnectés des ventes (T0), ce qui entraîne des produits mal adaptés aux tendances du marché. La Vision Miroir pourrait alors aider à rétablir un dialogue pour que la R&D ajuste ses priorités à celles du marché.

7. La Vision Miroir comme processus continu

Fréquence et régularité

La Vision Miroir ne devrait pas être un exercice occasionnel ou réservé aux moments de crise. Au contraire, pour qu'elle soit pleinement efficace, elle doit être intégrée dans la routine de gestion d'une entreprise sous la forme d'un processus régulier et structuré. L'idée centrale est d'inscrire la Vision Miroir dans le cycle de vie de l'entreprise, en veillant à ce que les temporalités de chaque département soient alignées de manière continue.

Chaque trimestre ou chaque semestre, l'entreprise prend du recul pour évaluer comment ses différentes temporalités (T-3 à T+3) fonctionnent ensemble, afin d'adapter les objectifs et les priorités si nécessaire. La Vision Miroir devient ainsi un espace-temps dédié où l'entreprise marque une **pause stratégique**, pour mieux comprendre où elle en est et où elle va.

Pourquoi cette régularité est-elle essentielle ?

- **Réactivité aux changements du marché** : Dans un environnement commercial en constante évolution, les exigences des clients, les tendances du marché et les innovations technologiques changent rapidement. En introduisant la Vision Miroir à une fréquence régulière, l'entreprise devient plus agile et peut revoir ses priorités en fonction des fluctuations internes et externes.

- **Prévention des conflits internes** : Une revue régulière des temporalités permet de détecter plus tôt les goulets d'étranglement, les conflits de priorités, ou les mauvaises anticipations. Par exemple, une entreprise qui prend du recul chaque trimestre peut identifier un désalignement entre ses objectifs de vente (T+3) et sa capacité de production (T-1) avant que cela ne devienne un problème majeur.

- **Évaluation continue des performances** : La Vision Miroir offre l'opportunité de mesurer régulièrement les performances des différents départements en fonction de leurs propres indicateurs temporels. Plutôt que d'attendre la fin de l'année pour un bilan, chaque service peut calibrer ses objectifs trimestriels ou semestriels en fonction des résultats obtenus et des besoins futurs.

- **Maintien de l'alignement stratégique** : La fréquence régulière permet de s'assurer que chaque équipe reste alignée avec la stratégie globale de l'entreprise. Si une innovation (T-3) n'avance pas assez vite ou si des retards de production (T-1) impactent la capacité à répondre aux attentes des clients (T0), des ajustements peuvent être effectués rapidement. Cet alignement permet de s'assurer que l'entreprise avance dans une direction cohérente.

Mise en œuvre pratique de la Vision Miroir régulière

- **Réunions trimestrielles ou semestrielles** : L'entreprise peut organiser des réunions dédiées à la Vision Miroir où chaque département présente ses indicateurs de performance, ses défis et ses objectifs à court, moyen et long terme. Ces réunions peuvent prendre la forme d'ateliers interdisciplinaires pour favoriser la collaboration et l'échange d'idées entre les différents niveaux temporels de l'organisation.

- **Utilisation des données analytiques** : Entre ces réunions, des tableaux de bord analytiques peuvent être mis en place pour permettre une surveillance continue des indicateurs clés. Ces tableaux de bord fournissent une vue d'ensemble de la performance des départements, assurant que les objectifs à court terme (T0, T+1) n'entravent pas les projets à long terme (T-3, T-2).

Indicateurs Clés pour chaque temporalité

La régularité du processus Vision Miroir repose sur des **indicateurs spécifiques** à chaque temporalité. Ces indicateurs aident à mesurer les progrès, à suivre les résultats et à s'assurer que les priorités de chaque département sont bien alignées avec les objectifs globaux de l'entreprise. Voici comment ces indicateurs peuvent être définis selon les différentes temporalités :

T-3 : Recherche et Développement (Vision à long terme)

- **Indicateurs d'innovation** : Mesurent l'avancement des projets d'innovation en cours à l'aide d'indicateurs tels que le nombre de prototypes testés, le pourcentage de projets R&D qui avancent selon le calendrier prévu, ou les brevets déposés. Le but est de s'assurer que la R&D prépare efficacement les innovations qui transformeront l'entreprise à long terme.

- **Indicateurs de capacité à anticiper** : Ces indicateurs évaluent la capacité du département R&D à anticiper les tendances du marché. Ils pourraient inclure des études prospectives sur les nouvelles technologies ou des collaborations avec des partenaires externes (universités, startups etc.).

T-2 : L'incubateur (Expérimentation et validation)

- **Indicateurs de faisabilité** : Regroupent le nombre de prototypes ou d'idées validées après expérimentation. Ces indicateurs mesurent la capacité du département à transformer des concepts en solutions viables pour le marché.

- **Indicateurs de temps de validation** : Évaluent le temps nécessaire pour qu'un projet passe de la phase expérimentale à la phase de production. L'objectif est de réduire le délai entre l'innovation et la production.

T-1 : Service Technique (Production à court terme)

- **Indicateurs de productivité** : Ces indicateurs mesurent la capacité du service technique à respecter les délais de production tout en maintenant la qualité. Par exemple, le taux d'utilisation des machines, le nombre d'unités produites par jour, ou le pourcentage de commandes livrées à temps.

- **Indicateurs de qualité** : Mesurent le pourcentage de produits défectueux ou le taux de retour client. Ils aident à s'assurer que l'accélération de la production ne compromet pas la qualité des produits.

T0 : Marketing et gestion immédiate

- **Indicateurs de satisfaction client** : Le marketing et les équipes de gestion immédiate se concentrent souvent sur la satisfaction client, mesurée par des enquêtes de satisfaction, des taux de fidélité, ou le Net Promoter Score (NPS). L'objectif est de maintenir une expérience client positive en temps réel, tout en veillant à répondre aux besoins actuels du marché.

- **Indicateurs de réactivité** : Mesurent la rapidité avec laquelle l'entreprise répond aux changements du marché ou aux demandes des clients. Cela peut inclure le temps de traitement des réclamations, le délai de réponse aux demandes commerciales, ou encore le pourcentage de campagnes marketing lancées dans les délais.

T+1 : Formation et développement des compétences

- **Indicateurs de montée en compétence** : Mesurent l'efficacité des programmes de formation, par exemple le pourcentage de collaborateurs dont les performances se sont accrues après une formation spécifique. Un autre indicateur clé serait le nombre de formations réalisées pour soutenir les innovations à venir.

- **Indicateurs de développement des talents** : Évaluent la capacité de l'entreprise à préparer son personnel aux exigences futures. Ils incluent le taux de promotion interne ou le nombre de talents retenus après la formation.

T+2 : Ventes et relations client

- **Indicateurs de croissance des ventes** : Mesurent l'augmentation du chiffre d'affaires, le taux de conversion des prospects en clients, ou la part de marché acquise sur une période donnée. Ces indicateurs permettent de savoir si les efforts de vente à court terme sont en adéquation avec les objectifs commerciaux à long terme.

- **Indicateurs de fidélité client** : Le taux de rétention client ou le pourcentage de clients récurrents sont des indicateurs essentiels pour évaluer si l'entreprise est capable de bâtir des relations durables.

T+3 : Planification stratégique commerciale

- **Indicateurs d'anticipation du marché** : Évaluent la capacité de l'entreprise à anticiper les besoins futurs et à préparer son expansion sur de nouveaux segments de marché. Ils pourraient inclure des indicateurs comme la diversification du portefeuille produit, les projections de croissance des revenus à long terme, ou les partenariats stratégiques conclus.

- **Indicateurs de capacité d'adaptation** : Mesurent l'impact de la planification stratégique permettant à l'entreprise de rester flexible face aux évolutions du marché. Ils incluent le taux de succès des initiatives commerciales à long terme.

Conclusion : La Vision Miroir comme un cadre d'amélioration continue

Par le recours régulier à la Vision Miroir et en s'appuyant sur des indicateurs clés, les entreprises peuvent aligner de manière proactive leurs temporalités. Elles deviennent ainsi plus agiles, mieux préparées à relever les défis futurs et capables de maximiser leur efficacité à court terme sans compromettre leur vision à long terme. Ce processus d'amélioration continue garantit l'alignement de chaque département avec les objectifs globaux de l'entreprise tout en gardant une vue claire sur ses propres priorités.

Exemple d'échec à cause de l'absence de Vision Miroir : Le cas Kodak

L'histoire de **Kodak** est emblématique des conséquences dramatiques sur une entreprise en cas d'absence d'un processus de réévaluation stratégique régulier, tel que la **Vision Miroir**. Kodak, autrefois l'un des leaders incontestés de la photographie mondiale, a souffert d'un manque d'adaptation à une révolution technologique majeure : la transition de la photographie argentique à la photographie numérique. Bien que Kodak ait été pionnière dans l'invention de la photographie numérique, l'entreprise n'a pas su ajuster ses temporalités internes ni ses stratégies à long terme, ce qui a conduit à son déclin.

Le Contexte de Kodak

Dans les années 1990, Kodak dominait le marché de la photographie avec ses films argentiques, ses appareils photos et ses services d'impression. À cette époque, l'entreprise bénéficiait d'une **temporalité de production à court terme (T-1)** bien huilée : la vente de films, d'appareils et de services de développement générait des revenus stables. Cependant, une innovation interne aurait pu changer radicalement l'avenir de l'entreprise : Kodak a inventé le premier appareil photo numérique en 1975. Malgré cette avancée technologique majeure, la direction a refusé de donner la priorité à cette innovation (T-3), préférant se concentrer sur le maintien de son modèle économique existant.

L'absence d'une Vision Miroir, c'est-à-dire d'un processus de réévaluation régulière des temporalités internes (T-1, T-0, T+3), a conduit à une **dissonance temporelle** : Kodak s'est accrochée à son succès immédiat (T-1) et à son modèle économique traditionnel, sans comprendre que le marché évoluait vers le numérique (T+3). Ce choix a non seulement empêché l'entreprise d'investir dans l'avenir, mais a également conduit à une série de mauvaises décisions stratégiques.

Un modèle d'affaires enchaîné à une Temporalité de court terme (T-1)

Kodak est un exemple typique d'entreprise qui a été piégée par sa propre réussite immédiate. L'entreprise générait la majeure partie de ses revenus de la vente de films et de l'impression de photos. Ce modèle économique, qui reposait sur la vente d'articles consommables à court terme (T-1), semblait inattaquable à l'époque. La production de films et d'appareils photo argentiques était florissante et les départements financiers et opérationnels de Kodak fonctionnaient à pleine capacité pour répondre à la demande du marché.

Cependant, la direction de Kodak a choisi d'ignorer les signaux provenant de son propre département de recherche et développement (T-3), qui avait identifié la photographie numérique comme la prochaine grande révolution. Les ventes de films argentiques généraient des marges bénéficiaires importantes et l'entreprise ne voulait pas risquer de cannibaliser son propre marché en introduisant une technologie qui éliminerait l'utilisation de films.

Cette focalisation exclusive sur le **court terme (T-1)** a empêché Kodak d'adopter une vision à plus long terme (T+3), ce qui a été fatal dans un marché technologique en pleine mutation.

La perte de la vision à long terme (T+3)

L'absence de Vision Miroir chez Kodak a conduit à une mauvaise anticipation des besoins futurs du marché. Alors que le marché de la photographie évoluait rapidement vers le numérique, la direction de Kodak n'a pas su intégrer cette évolution dans sa planification stratégique (T+3). Les temporalités de l'entreprise étaient désynchronisées :

- **Le département R&D (T-3)** : avait déjà développé la technologie numérique, mais ses avancées étaient considérées comme une menace pour le modèle économique existant.

- **Le département marketing et vente (T0)** : restait concentré sur les clients actuels et sur la satisfaction immédiate, sans se préoccuper de l'évolution à venir du marché.

- **La planification stratégique (T+3)** : a négligé les tendances émergentes. La direction de Kodak ne voyait pas la nécessité d'investir dans la technologie numérique à long terme, préférant maximiser les bénéfices immédiats.

Cette myopie stratégique a conduit à une **réaction tardive** et à une incapacité à se réinventer. Alors que des entreprises concurrentes comme Canon et Sony ont rapidement investi dans les appareils photo numériques, Kodak a persisté dans la vente de films argentiques et de services de développement, retardant l'inévitable transition vers le numérique.

Les conséquences de l'absence de Vision Miroir

En refusant d'adopter une Vision Miroir régulière qui aurait permis à l'entreprise de réévaluer et de corriger ses temporalités internes, Kodak a manqué plusieurs opportunités stratégiques clés :

- **Retard dans l'innovation** : L'absence de synchronisation entre le département R&D (T-3) et le reste de l'entreprise a conduit à un retard dans l'adoption des innovations numériques. Au lieu d'investir dans l'innovation, Kodak a continué à exploiter son marché traditionnel.

- **Perte de parts de marché** : Des concurrents comme Canon, Sony et même Apple ont rapidement pris l'avantage en dominant le marché des appareils photos numériques. La lenteur de Kodak à s'adapter a permis à ces entreprises de prendre des parts de marché significatives.

- **Chute dramatique des revenus** : L'incapacité à réagir à la transition vers le numérique a conduit à une baisse rapide des revenus de Kodak. À mesure que les clients abandonnaient les films argentiques pour les appareils numériques, Kodak a perdu sa position dominante et ses revenus ont chuté drastiquement.

- **Faillite en 2012** : Finalement, l'échec à anticiper la révolution numérique et à réévaluer régulièrement ses stratégies a conduit Kodak à déclarer faillite en 2012. L'entreprise, autrefois synonyme de photographie, n'a pas pu s'adapter à l'évolution rapide du marché.

Ce que Kodak aurait pu faire avec la Vision Miroir

Si Kodak avait mis en place un processus de Vision Miroir régulier, l'entreprise aurait pu éviter ce déclin tragique. En voici le déroulement hypothétique :

- **Réunions de synchronisation temporelle** : En intégrant la Vision Miroir dans sa gestion stratégique, Kodak aurait pu organiser des réunions régulières entre les différents départements pour synchroniser leurs temporalités. Par exemple, des discussions trimestrielles entre la R&D et le marketing auraient permis de mieux comprendre les technologies émergentes et les attentes du marché à long terme.

- **Alignement des temporalités** : Grâce à une Vision Miroir, Kodak aurait pu mieux harmoniser ses temporalités internes. Le département R&D (T-3) aurait eu l'occasion de démontrer l'importance de la technologie numérique à la planification stratégique (T+3), permettant ainsi à l'entreprise d'investir dans cette innovation avant que le marché ne soit envahi par la concurrence.

- **Prévision à long terme (T+3)** : Avec une Vision Miroir, la direction aurait pu mieux anticiper les évolutions du marché de la photographie et commencer à investir dans les appareils numériques bien avant que la demande ne dépasse celle des films argentiques.

Conclusion : Les leçons de Kodak

L'exemple de Kodak montre clairement les **risques liés à l'absence de Vision Miroir**. En refusant de réévaluer ses priorités temporelles de manière régulière et en négligeant les signaux du marché, Kodak a laissé passer une révolution technologique qui aurait pu la maintenir en position de leader.

Cet échec souligne l'importance cruciale pour toute entreprise de maintenir un processus continu d'auto-évaluation et d'alignement des temporalités. L'absence de Vision Miroir ne conduit pas seulement à des pertes financières, mais peut également signifier la fin d'une entreprise dans un marché en rapide évolution.

8. Intégration technologique et Vision Miroir

Dans un contexte marqué par l'accélération vertigineuse des évolutions technologiques et sociétales, où la réactivité et la précision des décisions sont primordiales, l'intégration des technologies de pointe, en particulier l'intelligence artificielle (IA), devient incontournable pour les entreprises souhaitant maintenir un avantage compétitif. La **Vision Miroir** peut tirer parti de ces avancées pour optimiser la gestion des temporalités et améliorer la performance organisationnelle.

L'IA comme outil d'analyse prédictive

L'intelligence artificielle excelle dans l'analyse de données massives en temps réel. En appliquant l'IA à la Vision Miroir, les entreprises peuvent automatiser l'analyse des temporalités T-1 (performance passée) et T+3 (anticipation future). Les algorithmes peuvent identifier des schémas récurrents, anticiper les fluctuations du marché et proposer des scénarios prospectifs pour améliorer les stratégies à long terme. Ce processus permet de :

- **Croiser les données historiques et actuelles** : L'IA peut prendre en compte les performances passées pour mieux déterminer les prévisions futures, en alignant les temporalités courtes et longues.

- **Automatiser la détection des anomalies** : Des écarts entre la production actuelle (T0) et les prévisions (T+3) peuvent être identifiés instantanément, permettant aux dirigeants d'agir avant qu'une rupture n'impacte la production ou le marché.

Automatisation des ajustements stratégiques

Traditionnellement, la **Vision Miroir** repose sur des audits réguliers, des discussions interservices et des ajustements manuels des priorités. L'IA peut rationaliser ce processus en proposant des **ajustements stratégiques en temps réel**. En collectant et en analysant les données provenant des différents départements, l'IA peut générer des recommandations automatiques pour aligner les temporalités en fonction des objectifs globaux de l'entreprise. Par exemple :

- **Optimisation de l'allocation des ressources** : L'IA peut identifier les goulets d'étranglement dans la production (T-1) et planifier l'allocation des ressources en temps réel pour répondre à ces défis, tout en respectant les projections futures (T +3).
- **Répartition des priorités** : En fonction de l'évolution des demandes des clients ou des tendances du marché, l'IA peut adapter la priorité des projets de recherche (T-3) ou des stratégies de lancement de produits (T+1).

Prédiction des tendances et analyse de marché

L'un des avantages majeurs de l'IA dans le cadre de la **Vision Miroir** est sa capacité à analyser d'énormes quantités de données externes (marché, concurrence, réglementations), ce qui permet d'anticiper les **tendances futures** plus efficacement. Les entreprises peuvent ainsi mieux gérer la temporalité **T+3** en ajustant leur stratégie à long terme avant que les changements du marché ne surviennent.

- **Analyse en temps réel des tendances** : L'IA, via l'analyse prédictive, identifie les mouvements du marché avant qu'ils ne deviennent critiques, permettant aux entreprises de repositionner leur stratégie commerciale ou d'innovation.
- **Adaptation aux évolutions réglementaires** : Pour les industries hautement régulées (pharmaceutique, aéronautique), l'IA permet de prévoir l'impact des régulations à venir sur la production ou le développement des produits.

Renforcement de la communication intertemporelle

La **Vision Miroir** s'appuie sur une bonne communication entre les différentes temporalités de l'entreprise (T-3, T-2, T0 etc.). L'IA peut renforcer cette communication en facilitant l'accès aux **données en temps réel** et en offrant une vue d'ensemble des performances actuelles et des projections futures. Grâce à des **tableaux de bord interactifs** et à des outils collaboratifs intelligents, chaque service peut suivre l'évolution des projets, ajuster ses priorités et s'assurer que l'entreprise avance de manière synchronisée.

- **Accès instantané aux données critiques** : Chaque département (R&D, production, commercial) peut accéder à des informations actualisées pour affiner ses stratégies en fonction des temporalités.

- **Outils de feedback automatisés** : L'IA permet de collecter les retours de tous les services et d'identifier automatiquement les points de friction entre les temporalités, facilitant ainsi une résolution rapide des conflits internes.

Flexibilité et agilité organisationnelles

Grâce à l'IA, l'entreprise devient plus **agile** dans la gestion de ses temporalités. L'outil ne se contente pas d'analyser les tendances actuelles, mais anticipe également des solutions avant que les problèmes ne surviennent. Cette flexibilité, rendue possible par l'IA, permet d'affiner la **Vision Miroir** en permanence sans attendre les réunions trimestrielles ou semestrielles.

- **Réactivité accumulée** : L'IA permet d'agir rapidement en réponse aux imprévus (ruptures d'approvisionnement, changements de régulation etc.) en ajustant les priorités temporelles.

- **Amélioration continue** : L'IA offre des retours constants sur la performance des projets, permettant à l'entreprise d'adapter son action de manière continue, plutôt que d'attendre les cycles de révision annuels ou semestriels.

Le rôle de l'IA dans l'évitement des erreurs stratégiques

L'un des enseignements tirés de l'exemple de **Kodak** est la nécessité d'avoir une vision stratégique à long terme et de réévaluer constamment les priorités. L'IA, en fournissant des **analyses et des projections en temps réel**, aurait pu aider Kodak à détecter plus tôt l'importance de la transition vers le numérique et d'équilibrer sa stratégie. De nos jours, les entreprises peuvent tirer parti de ces outils pour éviter de répéter les mêmes erreurs et pour rester à la pointe des innovations du marché.

En résumé, l'intégration de l'intelligence artificielle dans le processus de **Vision Miroir** permet non seulement d'améliorer l'analyse des temporalités, mais aussi d'apporter une plus grande agilité dans la prise de décision. Grâce à l'IA, les entreprises peuvent anticiper les tendances, ajuster leurs priorités en temps réel et améliorer la communication entre les différents services. Cette évolution technologique offre aux dirigeants les outils nécessaires pour assurer une **croissance durable**, tout en prévenant les risques liés à des décisions prises sans une vue d'ensemble suffisamment large. À une époque où l'incertitude est omniprésente, l'IA s'impose comme un allié stratégique essentiel pour maintenir une vision à long terme cohérente tout en réagissant rapidement aux défis quotidiens.

Je cite ici quelques outils d'intelligence artificielle performants qui permettront au lecteur de s'informer sur des solutions actuelles et éprouvées, utiles pour améliorer l'analyse des temporalités et optimiser les stratégies organisationnelles. Ces plateformes d'IA sont utilisées dans divers secteurs pour automatiser les processus, analyser les données en temps réel et fournir des insights stratégiques précieux.

IA Google Cloud (Vertex AI) :

- **Fonctionnalités** : Plateforme d'IA complète qui permet de développer, entraîner et déployer des modèles d'apprentissage automatique à grande échelle. Elle est idéale pour l'analyse prédictive, le traitement du langage naturel (NLP) et la reconnaissance d'images.

- **Utilisation** : Les entreprises peuvent utiliser Vertex AI pour automatiser l'analyse des performances passées (T-1), anticiper les tendances du marché (T+3) et accorder leurs stratégies en temps réel.

IBM Watson :

- **Fonctionnalités** : IBM Watson propose une suite d'outils d'IA pour l'analyse de données, la reconnaissance de schémas et l'automatisation. Avec ses capacités avancées en NLP, Watson aide à transformer les processus métiers dans des secteurs variés.

- **Utilisation** : Les entreprises peuvent utiliser IBM Watson pour améliorer la **Vision Miroir** en analysant de grandes quantités de données en temps réel et en fournissant des informations sur les décisions stratégiques futures.

Azure AI (Microsoft) :

- **Fonctionnalités** : Azure AI propose une large gamme de services d'IA allant de l'analyse prédictive aux services cognitifs comme la reconnaissance vocale, l'intelligence conversationnelle et l'apprentissage automatique.

- **Utilisation** : Azure AI est particulièrement prisé par les entreprises recherchant une intégration fluide avec les infrastructures cloud existantes pour améliorer leur automatisation des processus, tandis que Vertex AI (Google) peut se distinguer dans les entreprises où les besoins en reconnaissance d'images ou en NLP dominent.

Principes fondamentaux de la Vision Miroir

La Vision Miroir repose sur plusieurs principes clés :

- **Réflexion :** Chaque équipe doit être capable de visualiser ses propres objectifs et priorités, ainsi que ceux des autres.
- **Transparence :** Une communication ouverte et honnête est essentielle pour partager les préoccupations et les attentes de chaque équipe.
- **Interconnexion :** Les équipes doivent comprendre comment leurs rôles et leurs décisions impactent les autres départements.
- **Adaptabilité :** La Vision Miroir doit être flexible pour s'adapter aux besoins changeants des équipes et aux dynamiques du marché.

Mise en œuvre de la Vision Miroir : un guide pratique

La mise en œuvre de la Vision Miroir nécessite une approche structurée :

1. Identification des équipes : Commencez par identifier toutes les équipes impliquées et leurs horizons temporels respectifs. Utilisez des questionnaires ou des entretiens pour recueillir des informations sur leurs priorités, leurs défis et leurs attentes.

2. Ateliers de sensibilisation : Organisez des ateliers interactifs pour présenter le concept de la Vision Miroir et ses avantages. Utilisez des jeux de rôles, des simulations et des discussions de groupe pour encourager l'engagement et la compréhension.

3. Outils visuels : Mettez en place des outils de visualisation des données, tels que des tableaux de bord interactifs, pour permettre aux équipes de visualiser les projets, les priorités et les interdépendances.

4. Système de feedback : Établissez un système de feedback régulier pour permettre aux équipes de partager leurs commentaires, leurs suggestions et leurs préoccupations.

5. Évaluation et ajustement : Évaluez régulièrement l'efficacité de la Vision Miroir et ajustez votre approche en fonction des retours d'expérience et des besoins évolutifs de l'organisation.

Outils et techniques pour une Vision Miroir optimale

Un large éventail d'outils et de techniques peut être utilisé pour faciliter la mise en œuvre et l'utilisation de la Vision Miroir :

- **Plateformes collaboratives :** Miro, Microsoft Teams, Slack etc.
- **Outils de visualisation des données :** Tableau, Google Data Studio, Power BI etc.
- **Outils de feedback :** SurveyMonkey, Google Forms etc.
- **Méthodes ludiques :**
    - **Mur de visions partagées :** Créez un espace (physique ou virtuel) où chaque équipe affiche ses objectifs et ses priorités (post-it, images, graphiques).
    - **Jeu de rôle des équipes :** Organisez des sessions où chaque équipe "joue" un autre département pour mieux comprendre ses enjeux.
    - **Puzzle interéquipes :** Créez un puzzle où chaque pièce représente une équipe, à assembler collaborativement pour visualiser l'interdépendance.
    - **Boîte à outils évolutive :** Constituez une "boîte à outils" avec des techniques et des exercices pour s'adapter aux situations changeantes.

La Vision Miroir en action : études de cas concrets

- **Secteur technologique (T-3)** : Dans une entreprise de biotechnologie, l'équipe de R&D utilise un tableau de bord dynamique pour suivre les projets de recherche sur de nouveaux médicaments, visualiser les délais des essais cliniques et anticiper les besoins en ressources, assurant ainsi une meilleure coordination avec les équipes réglementaires.

- **Secteur automobile (T-2)** : Dans une société automobile, des équipes interfonctionnelles se réunissent pour tester de nouvelles technologies de conduite autonome. La Vision Miroir, matérialisée par un logiciel de simulation collaborative, leur permet de visualiser les résultats des tests en temps réel et de recueillir les retours des ingénieurs de production, facilitant l'adaptation des prototypes avant le lancement.

- **Secteur alimentaire (T-1)** : Une entreprise agroalimentaire met en place un calendrier de production partagé qui affiche les lancements de nouveaux produits et les besoins en matières premières. Grâce à la Vision Miroir, les équipes de production peuvent calibrer leur chaîne d'approvisionnement en fonction des demandes anticipées des équipes marketing, évitant ainsi les ruptures de stock et les surcoûts.

- **Secteur du luxe (T0)** : Une marque de luxe utilise la Vision Miroir pour synchroniser ses campagnes marketing avec les lancements de produits. L'équipe marketing visualise les retours immédiats des clients sur les réseaux sociaux via un outil d'analyse de sentiment et ajuste ses stratégies de communication en conséquence, maximisant l'impact de ses campagnes.

- **Secteur informatique (T+1)** : Dans une entreprise de développement logiciel, les formateurs utilisent des plateformes LMS pour créer des modules de formation qui tiennent compte des retours des équipes commerciales sur les attentes des clients. Ce fonctionnement garantit que le contenu de la formation est toujours pertinent et à jour, permettant aux employés d'acquérir rapidement les compétences nécessaires pour répondre aux demandes du marché.

- **Secteur du retail (T+2) :** Une chaîne de magasins de détail utilise la Vision Miroir pour aligner ses campagnes de vente avec les lancements de produits. En utilisant un outil de planification collaborative, les équipes commerciales visualisent les dates de lancement, les prévisions de vente et les stocks disponibles, ce qui leur permet d'être prêtes à répondre à la demande dès que les nouveaux produits sont disponibles en magasin.

- **Secteur de l'énergie (T+3) :** Une entreprise du secteur de l'énergie utilise la Vision Miroir pour analyser les tendances du marché et adapter ses stratégies d'approvisionnement à long terme. Grâce à des rapports trimestriels et à des outils de simulation, elle peut projeter ses investissements en fonction des évolutions du marché et des projections de la demande, assurant ainsi la sécurité énergétique et la rentabilité à long terme.

Bénéfices tangibles de la Vision Miroir

La Vision Miroir offre une multitude d'avantages aux organisations :

- **Renforcement de la cohésion d'équipe :** Crée un sentiment d'appartenance, encourage les synergies et soutient la résilience collective. Lorsque chaque équipe comprend l'intégration de ses actions dans une vision globale, la collaboration devient plus fluide et les objectifs communs sont atteints plus facilement.

- **Amélioration de la communication :** Favorise la clarté, la transparence et la confiance, réduisant ainsi les conflits et les malentendus. La communication ouverte et honnête permet aux équipes de partager leurs préoccupations, leurs idées et leurs perspectives, ce qui conduit à une meilleure compréhension mutuelle et à des relations de travail plus harmonieuses.

- **Optimisation des ressources :** Permet une planification efficace, une utilisation maximale des compétences et une réduction des coûts. En alignant les priorités et en partageant les informations, les équipes peuvent éviter les doublons, les retards et les gaspillages, ce qui se traduit par une utilisation plus efficiente des ressources et une meilleure rentabilité.

- **Prise de décision stratégique améliorée :** Fournit aux équipes stratégiques des informations précieuses pour anticiper les changements du marché et adapter les stratégies commerciales. Grâce à une vision claire des activités et des perspectives de chaque département, les dirigeants peuvent prendre des décisions plus éclairées et plus stratégiques pour l'avenir de l'entreprise.

- **Augmentation de l'agilité et de la réactivité :** Permet aux organisations de s'adapter rapidement aux évolutions du marché et aux nouvelles exigences des clients. En favorisant la communication et la collaboration entre les équipes, la Vision Miroir permet aux entreprises de réagir plus rapidement aux changements et de saisir les opportunités qui se présentent.

Défis et solutions

La mise en œuvre de la Vision Miroir peut présenter certains défis :

- **Résistance au changement** : Le changement peut être perçu comme une menace par certains employés, ce qui peut entraîner une résistance à l'adoption de la Vision Miroir.
    - **Solutions** : Mettre en place des programmes de sensibilisation pour expliquer les avantages de la Vision Miroir, organiser des formations pour familiariser les employés avec les nouveaux outils et processus et impliquer les employés dans le processus de mise en œuvre pour favoriser l'adhésion.
- **Difficulté à établir des priorités communes** : Les différentes équipes peuvent avoir des objectifs et des priorités divergents, ce qui peut compliquer la définition de priorités communes.
    - **Solutions** : Organiser des ateliers collaboratifs pour discuter des priorités de chaque équipe et identifier les points de convergence et établir un cadre de priorisation clair avec des critères de décision partagés pour faciliter la prise de décision.
- **Problèmes de communication** : Des difficultés de communication entre les équipes peuvent entraver le partage d'informations et la collaboration.
    - **Solutions :** Mettre en place des canaux de communication réguliers, tels que des réunions de synchronisation et des plateformes collaboratives, pour faciliter les échanges et le partage d'informations en temps réel.

Conclusion du Chapitre 8 : La Vision Miroir, un outil essentiel pour l'avenir

La Vision Miroir est bien plus qu'un simple outil de gestion ; elle représente une nouvelle façon de penser la collaboration et la communication au sein des organisations. En permettant aux équipes de visualiser les différentes temporalités et de comprendre leurs interdépendances, la Vision Miroir favorise l'harmonie, l'efficacité et l'innovation. Dans un monde en constante évolution, la Vision Miroir offre aux entreprises un avantage concurrentiel en les aidant à s'adapter, à collaborer et à prospérer.

Points clés à retenir :

- La Vision Miroir aligne les temporalités tout en respectant les objectifs de chaque équipe.
- Elle favorise la transparence, la coopération et l'adaptabilité.
- Elle permet de surmonter les défis de communication et de priorisation.
- Elle contribue à une culture d'entreprise plus cohésive, agile et performante.

9. LES MÉTIERS ET LA COLLABORATION INTERTEMPORELLE

Dans une entreprise moderne, les projets de grande envergure impliquent souvent la collaboration d'équipes opérant sur des temporalités différentes. Qu'il s'agisse des équipes de recherche et développement (T-3), des équipes de production (T-1), ou des équipes commerciales (T+2), chaque fonction joue un rôle crucial pour assurer la continuité des projets et répondre aux besoins des clients. Toutefois, ces équipes doivent souvent jongler avec des priorités et des objectifs qui varient en fonction de leur temporalité. Ce décalage temporel peut créer des frictions, des malentendus et parfois même des échecs de projets si la collaboration intertemporelle n'est pas efficacement gérée.

Comprendre les Temporalités des Métiers

Avant d'aborder les méthodes de collaboration, il est essentiel de comprendre ce que chaque temporalité implique pour les différents métiers :

1. Recherche et Développement (T-3) : Les équipes de R&D se concentrent sur l'innovation à long terme. Leur travail consiste à anticiper les tendances futures, à explorer de nouvelles technologies et à développer des produits qui répondront aux besoins du marché dans plusieurs années. Cette temporalité est souvent caractérisée par des cycles de développement longs et des incertitudes. Les membres de ces équipes doivent être capables de penser de manière créative et stratégique.

2. Production (T-1) : Les équipes de production se concentrent sur la mise en œuvre immédiate des projets. Elles sont responsables de la fabrication des produits, du respect des délais de livraison et de l'assurance qualité. Leur temporalité est marquée par des objectifs à court terme et des exigences opérationnelles strictes. Ces équipes doivent constamment optimiser leurs processus pour rester compétitives et répondre à la demande du marché.

3. Commercialisation (T+2) : Les équipes commerciales se projettent sur le marché à moyen terme. Leur rôle est d'anticiper les besoins des clients et de préparer la stratégie de vente pour les nouveaux produits. Elles doivent être en phase avec les tendances du marché et comprendre comment les innovations des équipes de R&D seront perçues par les consommateurs. Leur temporalité est marquée par la nécessité d'être réactives aux changements et de s'adapter rapidement.

La Nécessité de la collaboration intertemporelle

La collaboration intertemporelle est essentielle pour garantir le succès de ces projets. Elle permet de s'assurer que l'innovation technique est en phase avec les besoins futurs du marché, que les équipes de production respectent les délais et que les équipes commerciales sont prêtes à commercialiser les produits au moment opportun. Cette approche collaborative favorise une meilleure intégration des compétences et des expertises, ce qui renforce la capacité d'une entreprise à innover et à s'adapter à un environnement en constante évolution.

Les défis de la collaboration intertemporelle

1. Communication : Les différences de temporalité peuvent engendrer des problèmes de communication. Par exemple, les équipes de R&D peuvent utiliser un jargon technique qui n'est pas compris par les équipes commerciales, ce qui peut entraîner des malentendus sur les capacités du produit. De même, les délais serrés imposés par les équipes de production peuvent ne pas être clairs pour les équipes de R&D, entraînant des tensions.

2. Alignement des objectifs : Chaque équipe a ses propres objectifs qui peuvent parfois sembler contradictoires. Les équipes de production cherchent à respecter les délais et à maintenir la qualité, tandis que les équipes de R&D peuvent avoir des objectifs d'innovation qui nécessitent plus de temps et de ressources. Cet alignement des objectifs est crucial pour éviter les conflits.

3. Gestion des ressources : La collaboration intertemporelle exige une gestion efficace des ressources. Les équipes doivent savoir comment allouer leurs ressources de manière à ce que les projets avancent de manière cohérente. Cela peut nécessiter une planification et une coordination minutieuses pour éviter les goulots d'étranglement.

Méthodes et outils pour renforcer la collaboration intertemporelle

Pour renforcer la collaboration intertemporelle, les entreprises peuvent adopter plusieurs méthodes et outils efficaces :

1. Réunions de synchronisation : Organiser des réunions régulières entre les différentes équipes permet d'assurer que tout le monde est sur la même longueur d'onde. Ces réunions peuvent être utilisées pour partager des mises à jour sur l'avancement des projets, discuter des obstacles et ajuster les priorités si nécessaire. Les équipes peuvent également établir un calendrier partagé pour s'assurer que chacun est conscient des délais.

2. Plateformes de collaboration : Utiliser des outils de gestion de projet et de collaboration, tels qu'Asana, Trello, ou Microsoft Teams, permet de centraliser les informations et d'offrir une vue d'ensemble des tâches en cours. Ces outils aident à visualiser les contributions de chaque équipe et à suivre l'avancement des projets en temps réel.

3. Tableaux de bord partagés : Créer des tableaux de bord qui affichent les indicateurs de performance clés pour chaque équipe permet de visualiser les progrès et les défis, ce qui favorise une prise de décision informée et encourage une culture de transparence.

4. Programmes de mentorat interdépartemental : Encourager le mentorat entre les différentes équipes permet de développer des relations et de favoriser la compréhension des enjeux de chaque métier. Les employés peuvent partager leurs connaissances et leurs expériences, ce qui renforce la cohésion entre les départements.

5. **Formation à la collaboration** : Proposer des formations sur la collaboration intertemporelle peut aider les équipes à mieux comprendre les enjeux et à apprendre à travailler ensemble de manière efficace. Ces sessions peuvent aborder des sujets tels que la communication, la gestion des conflits et l'importance de l'empathie.

Favoriser la collaboration entre Temporalités différentes

Renforcer la **collaboration intertemporelle** passe par la mise en place de processus et d'outils qui permettent aux équipes de mieux communiquer, de partager leurs priorités et de synchroniser leurs efforts. Voici quelques méthodes efficaces pour favoriser cette collaboration :

- **Réunions transversales** : Organiser régulièrement des réunions impliquant des représentants de chaque temporalité permet de faire un point sur l'état d'avancement des projets et de s'assurer que les priorités sont alignées. Ces réunions offrent une opportunité pour les équipes de discuter des obstacles, de partager des informations et de **revoir** les objectifs si nécessaire.

- **Échanges intermétiers**: Encourager les équipes à partager leurs connaissances et leurs compétences est une méthode efficace pour favoriser la collaboration. Par exemple, une équipe T-1 (technique) peut inviter une équipe T+2 (commerciale) à assister à une session de travail pour mieux comprendre les défis techniques liés à un produit. En retour, les équipes commerciales peuvent partager leurs retours clients pour **adapter** les spécifications techniques.

- **Feedback continu** : L'instauration d'un feedback continu entre les temporalités permet de maintenir un dialogue ouvert sur les priorités immédiates et les objectifs futurs. Les équipes marketing, par exemple, peuvent fournir des retours en temps réel aux équipes de développement produit pour **modifier** leurs campagnes en fonction des évolutions du marché.

Outils de suivi et de coordination

Pour faciliter la collaboration intertemporelle, il est essentiel d'utiliser des **outils de suivi et de coordination** adaptés. Ces outils permettent aux équipes de rester alignées sur les objectifs et de choisir les actions en fonction des priorités partagées.

- **Logiciels de gestion de projets** : Des outils comme **Microsoft Project**, **Notion** ou **Asana** permettent de suivre les tâches en temps réel et de visualiser les dépendances entre temporalités. Par exemple, une équipe technique peut suivre l'avancement des tâches commerciales pour s'assurer que leurs développements seront prêts à temps pour le lancement d'un produit.

- **Systèmes ERP** : Les systèmes de gestion intégrée (comme **Facteris, Odoo, SAP**) offrent une vue d'ensemble sur les ressources, les priorités et les échéances des différentes équipes. En intégrant des fonctionnalités de gestion de projet, ces ERP permettent de synchroniser les temporalités et d'optimiser l'utilisation des ressources disponibles.

- **Plateformes de collaboration en temps réel** : Des plateformes comme **Workspace de Google** ou **Microsoft Teams** permettent aux équipes de partager des informations en temps réel et de rester en contact, peu importe leur localisation. Ces outils sont particulièrement utiles pour les entreprises ayant des équipes dispersées géographiquement, ou travaillant sur des projets impliquant plusieurs temporalités.

Études de cas

Cas d'étude : Une mise en œuvre réussie

Exemple d'une société de développement logiciel : Prenons le cas d'une société de développement de logiciels qui a intégré avec succès la collaboration intertemporelle dans son fonctionnement. Cette entreprise a créé un groupe interdisciplinaire composé de membres des équipes de R&D, de production et de commercialisation. Grâce à des réunions de synchronisation régulières et à l'utilisation d'une plateforme de gestion de projets, ces équipes ont pu travailler ensemble pour développer un nouveau logiciel tout en respectant les délais et les exigences de qualité.

Les équipes ont mis en place un tableau de bord partagé pour visualiser l'avancement du projet et identifier rapidement les problèmes. Par exemple, lorsque des retards ont été signalés dans le développement d'une fonctionnalité, les équipes de production ont pu **modifier** leur planification pour éviter les impacts sur les délais de commercialisation. Cela a permis à l'entreprise de lancer le produit avec succès tout en maintenant une communication fluide entre les équipes.

L'entreprise XYZ Manufacturing a réussi à renforcer la collaboration intertemporelle en mettant en place un système de gestion de projets basé sur Microsoft Project. Grâce à cet outil, les équipes T-1 (techniques) et T+2 (commerciales) ont davantage synchronisé leurs efforts et réduit les retards liés à des incompréhensions sur les priorités. Les réunions hebdomadaires transversales ont également permis d'**adapter** les calendriers en fonction des retours clients.

De même, chez **ABC Services**, l'utilisation d'un **ERP** avec des fonctionnalités de gestion de projets a permis de centraliser les informations relatives aux temporalités, réduisant ainsi les conflits entre équipes et facilitant une meilleure allocation des ressources. Ce système a permis de suivre en temps réel l'avancement des projets et de réagir rapidement en cas de décalage entre les temporalités.

Conseils Pratiques pour les Managers

Pour renforcer la collaboration intertemporelle, les managers doivent jouer un rôle clé en facilitant la communication et en veillant à ce que les équipes respectent les priorités partagées. Voici quelques conseils pratiques pour y parvenir :

- **Écoute et transparence** : Encourager un dialogue ouvert entre les équipes permet de mieux comprendre les contraintes de chacun. En tant que manager, il est important de favoriser un environnement où les équipes se sentent libres d'exprimer leurs besoins et leurs préoccupations.

- **Gestion des priorités** : Il est essentiel de clarifier les priorités à chaque étape du projet et de veiller à ce que toutes les équipes soient alignées. Utiliser des outils collaboratifs pour visualiser ces priorités permet de maintenir une cohérence entre les actions des différentes temporalités.

- **Encourager la flexibilité** : Les projets évoluent rapidement et il est important que les équipes soient flexibles pour s'adapter aux nouvelles priorités. Un manager doit encourager cette flexibilité tout en veillant à ce que les délais et les objectifs globaux soient respectés.

Conclusion du Chapitre 9

La collaboration intertemporelle est un défi essentiel pour garantir le succès des projets d'entreprise. En mettant en place des processus et des outils adaptés, les entreprises peuvent synchroniser les efforts de leurs équipes, renforcer la communication et optimiser la gestion des ressources. Le prochain chapitre abordera les stratégies de gestion des conflits entre temporalités et la façon de les surmonter afin de maintenir un environnement de travail harmonieux.

Synthèse :
La collaboration entre équipes de temporalités différentes est cruciale pour le succès des projets. Les réunions transversales et les échanges intermétiers favorisent cette collaboration, tandis que les outils de suivi, comme les logiciels de gestion de projets, permettent de suivre l'avancement en temps réel.

Points clés à retenir :

- La collaboration intertemporelle permet de synchroniser les efforts des équipes.
- Les réunions transversales et les échanges réguliers sont essentiels pour aligner les priorités.
- Les outils de gestion de projets facilitent la coordination des tâches.

10. LA GESTION DES CONFLITS ENTRE TEMPORALITÉS

Dans toute entreprise, les conflits entre temporalités sont inévitables. Chaque métier, opérant avec ses propres priorités et ses échéances spécifiques, entre parfois en contradiction avec les objectifs des autres équipes. Un projet technique peut être retardé par des imprévus (T-1), tandis que les équipes commerciales, tournées vers l'avenir (T+2), peuvent être frustrées par l'absence de résultats rapides. De même, les équipes marketing (T0), chargées de répondre aux besoins immédiats des clients, peuvent se heurter à des délais impossibles à respecter en raison des contraintes techniques.

Ces conflits entre temporalités, s'ils ne sont pas gérés correctement, entrainent des retards, des tensions internes et même un désalignement stratégique. C'est pourquoi il est crucial d'adopter des méthodes efficaces pour **gérer ces conflits**, de manière à maintenir une cohésion entre les équipes et à assurer la réussite des projets. Dans ce chapitre, nous explorerons les sources de conflits les plus courantes, ainsi que des stratégies et des outils pour les prévenir et les surmonter.

Sources de conflits entre Temporalités

Les conflits entre temporalités peuvent surgir pour de nombreuses raisons, mais les plus fréquentes sont liées à des **délais non respectés**, des **incompréhensions sur les priorités**, ou des **objectifs contradictoires**. Voici quelques exemples concrets de conflits intertemporels :

- **Délais non respectés** : Une équipe **T-1** (technique) peut rencontrer des difficultés dans l'exécution d'un projet, retardant ainsi les équipes **T+2** (commerciales) qui comptaient sur un produit prêt à être commercialisé. Ce décalage temporel crée des frustrations et des tensions si les équipes ne parviennent pas à synchroniser leurs efforts.

- **Incompréhension des priorités** : Les équipes marketing, focalisées sur les besoins immédiats des clients (T0), peuvent ne pas comprendre pourquoi les équipes de R&D (T-3) consacrent autant de temps à des projets qui ne verront le jour que dans plusieurs années. Cela crée un sentiment d'incompréhension et de désengagement si les priorités des temporalités ne sont pas clarifiées.

- **Objectifs contradictoires** : Une équipe commerciale **T+3**, cherchant à conquérir de nouveaux marchés, peut exiger la mise en place de fonctionnalités spécifiques, tandis que les équipes techniques **T-1** doivent respecter des contraintes de faisabilité immédiate. Si ces objectifs ne sont pas harmonisés, les équipes risquent de travailler dans des directions opposées, générant des conflits majeurs.

Stratégies pour la gestion des conflits temporels

Pour gérer efficacement les conflits entre temporalités, plusieurs stratégies peuvent être mises en place. Voici quelques méthodes pratiques pour désamorcer les tensions et rétablir l'harmonie entre les équipes :

- **Médiation intertemporelle** : L'une des solutions les plus efficaces est de désigner un médiateur capable de comprendre les priorités de chaque temporalité et de trouver un terrain d'entente. Ce médiateur organise des réunions de réconciliation, où chaque équipe exprime ses frustrations et propose des solutions pour modifier les calendriers ou redéfinir les objectifs.

- **Clarification des objectifs** : Il est essentiel de clarifier les objectifs et les priorités de chaque temporalité dès le départ. Lors de la planification des projets, les équipes de R&D (T-3) et commerciales (T+2) doivent s'accorder sur les délais réalistes et les attentes de chaque équipe. Une bonne clarification en amont permet de limiter les frustrations à l'avenir.

- **Réunions de réconciliation** : Organiser régulièrement des **réunions de réconciliation** entre les temporalités permet de désamorcer les tensions avant qu'elles ne s'aggravent. Ces réunions offrent un espace de dialogue ouvert où les équipes ajustent leurs priorités et trouvent des solutions pour mieux collaborer.

Outils pour surmonter les conflits temporels

Les outils technologiques jouent un rôle clé dans la **prévention** et la **gestion des conflits temporels**. En utilisant des plateformes collaboratives et des systèmes de gestion de projets, les entreprises synchronisent davantage les efforts de leurs équipes et anticipent ainsi les éventuels décalages temporels.

- **Plateformes de gestion de projets** : Des outils comme **Jira**, **Microsoft Project**, ou **Trello** permettent de visualiser les dépendances entre temporalités et d'anticiper les retards. Ces plateformes offrent des fonctionnalités d'alerte qui notifient les équipes lorsqu'un projet risque de ne pas respecter les délais.

- **Systèmes d'alerte** : Les systèmes de gestion intégrée (ERP) peuvent être configurés pour envoyer des alertes en cas de décalage entre les temporalités. Par exemple, si une équipe technique **T-1** est en retard sur un projet, le système peut envoyer une notification à l'équipe commerciale **T+2** pour qu'elle ajuste ses attentes et prévoie un délai supplémentaire pour les clients.

- **Tableaux de bord analytiques** : Des outils comme **Power BI** ou **Tableau** permettent de suivre les performances en temps réel et de visualiser les conflits potentiels entre temporalités. Ces tableaux de bord permettent aux managers de mieux comprendre les points de friction et d'intervenir avant que les conflits ne s'aggravent.

Études de cas

Un exemple de gestion réussie des conflits temporels est celui de l'entreprise **ABC Technologies**, qui a mis en place un système de gestion de projets basé sur **Jira** pour synchroniser les efforts de ses équipes techniques **T-1** et commerciales **T+2**. En utilisant des alertes et des réunions de réconciliation hebdomadaires, l'entreprise est parvenue à réduire les retards de livraison et à améliorer la communication entre temporalités.

De même, l'entreprise **ABC Services** a intégré un système d'alerte dans son **ERP** pour notifier les équipes lorsque les projets dépassaient les délais fixés. Cette approche proactive a permis de désamorcer plusieurs conflits entre temporalités, notamment entre les équipes **T-0** (marketing) et **T-3** (recherche et développement).

Conclusion du Chapitre 10

Les conflits entre temporalités sont inévitables dans toute entreprise, mais avec les bonnes stratégies et outils, ils peuvent être efficacement gérés. En mettant en place des systèmes de médiation, des réunions de réconciliation et des outils technologiques adaptés, les entreprises désamorcent les tensions et garantissent une collaboration harmonieuse entre leurs équipes. Dans le prochain chapitre, nous aborderons la manière dont ces pratiques peuvent être intégrées dans la gestion quotidienne des entreprises pour assurer une continuité dans les projets.

Synthèse

Les conflits entre temporalités sont inévitables mais peuvent être gérés efficacement à travers des stratégies comme la médiation intertemporelle et la clarification des priorités. L'utilisation d'outils d'alerte et de suivi en temps réel aide à prévenir ces conflits.

Points clés à retenir :

- Les conflits entre temporalités surgissent souvent à cause de délais non respectés et d'objectifs mal alignés.

- La médiation et la clarification des priorités aident à prévenir ces tensions.

- Les outils de gestion de projets et d'alerte sont indispensables pour anticiper et résoudre les conflits.

11. INTÉGRER LES TEMPORALITÉS DANS LA GESTION QUOTIDIENNE

La gestion des temporalités ne doit pas être vue comme un projet isolé ou une série de décisions ponctuelles. Au contraire, elle doit être intégrée de manière fluide dans les processus quotidiens de l'entreprise pour garantir la cohérence stratégique et la continuité des projets. Lorsque les équipes **T-3** (recherche et développement), **T-1** (techniques), **T0** (marketing) et **T+2** (commerciales) sont alignées sur des objectifs communs, la gestion des projets devient plus efficace et l'entreprise peut mieux anticiper les défis et les opportunités à venir.

Dans ce chapitre, nous verrons la manière dont les entreprises peuvent **intégrer les temporalités** dans leur gestion quotidienne, en utilisant des méthodes et des outils qui permettent de suivre les priorités de chaque temporalité, d'ajuster les processus en temps réel et de garantir une cohérence globale dans la stratégie d'entreprise. Nous explorerons également l'importance de l'agilité dans la gestion des temporalités, afin de s'adapter aux évolutions du marché et aux changements internes.

Méthodes pour intégrer les Temporalités dans la gestion

L'intégration des temporalités dans les processus de gestion quotidiens est essentielle pour maintenir une **continuité** et une **cohérence** entre les différentes équipes. Voici quelques méthodes pratiques pour intégrer cette gestion dans les projets de tous les jours :

- **Planification stratégique intégrée** : Lors de la planification stratégique, il est important de prendre en compte les temporalités de chaque équipe dès le départ. Les équipes **T-3** (recherche et développement) doivent être impliquées dans la planification à long terme, tandis que les équipes **T0** (marketing) et **T+2** (commerciales) doivent se concentrer sur les échéances à plus court terme. Une bonne planification permet d'anticiper les conflits temporels et de s'assurer que tous les départements travaillent dans la même direction.

- **Gestion de projet synchronisée** : L'utilisation d'outils de gestion de projets qui permettent de suivre l'évolution des tâches et des priorités de chaque équipe est essentielle. Par exemple, dans un projet de développement de produit, les équipes techniques **T-1** peuvent suivre l'avancement des tâches sur un tableau Kanban partagé avec les équipes marketing **T0**. Cette synchronisation des tâches permet de mieux gérer les dépendances entre temporalités.

- **Réunions de synchronisation** : Organiser des réunions de synchronisation régulières entre les équipes maintient une communication fluide et offre l'opportunité de modifier les priorités si nécessaire. Ces réunions doivent inclure des représentants de chaque temporalité pour s'assurer que les objectifs à court et long terme sont alignés.

Adapter la gestion aux évolutions des Temporalités

L'un des défis majeurs de la gestion des temporalités est la capacité à s'adapter aux évolutions des besoins de l'entreprise et du marché. Voici quelques conseils pour maintenir une gestion **agile** et **flexible** des temporalités :

- **Suivi en temps réel** : Utiliser des outils qui permettent de suivre les performances des équipes en temps réel est essentiel pour adapter les priorités. Les systèmes ERP et les tableaux de bord analytiques offrent une vue d'ensemble des projets en cours, permettant aux managers de réagir rapidement en cas de retard ou de changement de priorité.

- **Réévaluation périodique des priorités** : Les priorités des équipes **T-3** (R&D) et **T+3** (commerciales) peuvent évoluer au fil du temps en fonction des opportunités du marché. Il est donc crucial de **réévaluer** régulièrement les priorités des différentes temporalités pour s'assurer qu'elles sont toujours alignées avec la stratégie globale de l'entreprise.

- **Agilité organisationnelle** : L'adaptation rapide aux changements est une compétence clé pour toute entreprise. Les équipes doivent être capables de s'adapter aux nouvelles exigences du marché sans compromettre la cohérence stratégique à long terme. Les processus de gestion doivent inclure une certaine flexibilité pour permettre aux équipes de reconfigurer leurs priorités en fonction des événements imprévus.

Outils pour la gestion continue des Temporalités

Les outils jouent un rôle crucial dans la gestion continue des temporalités. Voici quelques outils clés qui permettent de suivre et d'adapter la gestion des temporalités au quotidien :

- **Tableaux de bord analytiques** : Des outils comme **Power BI** ou **Tableau** permettent de suivre les performances en temps réel et de visualiser les écarts entre les temporalités. Ces tableaux de bord offrent aux managers une vue d'ensemble des projets en cours, permettant d'affiner les priorités si nécessaire.

- **Systèmes ERP** : Les systèmes ERP comme **Facteris** offrent une gestion intégrée des ressources, des délais et des priorités de chaque équipe. Ils permettent de synchroniser les temporalités en temps réel et d'éviter les conflits entre les objectifs des différentes équipes.

- **Outils collaboratifs** : Des plateformes comme **Microsoft Teams** ou **Workspace de Google** facilitent la communication continue entre les équipes, peu importe leur localisation. Ces outils permettent de maintenir un dialogue ouvert entre temporalités et de partager des informations critiques en temps réel.

Études de cas

L'entreprise **ABC Manufacturing** a réussi à intégrer la gestion des temporalités dans son processus de planification stratégique en mettant en place un système ERP synchronisé avec des outils de gestion de projets. Grâce à cette intégration, les équipes **T-1** (techniques) et **T+2** (commerciales) ont pu mieux coordonner leurs efforts, ce qui a réduit les retards et amélioré la réactivité aux demandes des clients.

De même, l'entreprise **ABC Services** a intégré des **tableaux de bord analytiques** dans son système de gestion pour suivre les performances en temps réel et classer les priorités des différentes temporalités en fonction des évolutions du marché. Ce système a permis de mieux aligner les efforts de R&D (T-3) avec les objectifs commerciaux (T+3).

Conclusion du Chapitre 11

Intégrer les temporalités dans la gestion quotidienne est essentiel pour garantir la continuité des projets et la cohérence de la stratégie d'entreprise. En utilisant des méthodes pratiques et des outils adaptés, les entreprises peuvent mieux synchroniser leurs équipes, adapter leurs priorités en temps réel et rester flexibles face aux évolutions du marché. Dans le prochain chapitre, nous explorerons les perspectives futures de la gestion des temporalités et comment les nouvelles technologies, comme l'intelligence artificielle, peuvent encore améliorer cette gestion.

Synthèse :

L'intégration des temporalités dans la gestion quotidienne est essentielle pour maintenir la continuité des projets. En utilisant des outils de gestion synchronisés et en organisant des réunions régulières de synchronisation, les entreprises appréhendent plus efficacement leurs priorités en fonction des besoins du marché.

Points clés à retenir :

- Intégrer les temporalités dans la gestion quotidienne garantit la continuité des projets.

- Les outils synchronisés et les réunions de synchronisation sont indispensables.

- L'adaptation des priorités en temps réel est cruciale pour répondre aux évolutions du marché.

12. LES TECHNOLOGIES AVANCÉES POUR L'OPTIMISATION DES TEMPORALITÉS ET LES PERSPECTIVES FUTURES

L'**intelligence artificielle**, l'**analyse prédictive** et les **outils de simulation** sont des technologies qui transforment profondément la manière dont les entreprises gèrent leurs équipes et leurs projets. Ces innovations permettent d'anticiper les besoins, de proposer des ajustements automatiques et d'optimiser la répartition des ressources en fonction des données en temps réel. En parallèle, ces technologies offrent des perspectives d'avenir fascinantes, avec des systèmes de plus en plus autonomes capables de prédire les tendances futures et de résoudre les conflits entre temporalités avant même qu'ils ne surviennent.

Dans ce chapitre, nous allons explorer l'utilisation actuelle de ces technologies par des entreprises innovantes et la manière dont elles façonneront la gestion des temporalités dans les années à venir. Nous verrons également comment ces outils permettent non seulement de répondre aux besoins actuels, mais aussi de préparer les équipes à relever les défis futurs avec plus d'agilité et de précision.

L'Intelligence Artificielle pour l'optimisation des Temporalités

L'**intelligence artificielle (IA)** est au cœur des technologies qui transforment la gestion des temporalités. En analysant des données en temps réel et en utilisant des algorithmes d'apprentissage automatique, l'IA est capable d'optimiser la répartition des ressources, d'ajuster les priorités et de proposer des solutions automatiques pour résoudre les conflits entre équipes.

Exemple : Dans l'entreprise **XYZ Technologies**, l'IA analyse les performances des équipes techniques **T-1** et commerciales **T+2**. Elle détecte les goulots d'étranglement dans la production et propose des ajustements de calendrier pour réaffecter les ressources là où elles sont le plus nécessaires. Cela permet d'éviter les retards et de synchroniser les équipes plus efficacement.

L'IA peut également jouer un rôle crucial dans la gestion des priorités. En analysant les tendances du marché en temps réel, l'IA peut suggérer des changements de cap aux équipes **T-3** (recherche et développement) ou **T+3** (stratégie commerciale), en leur proposant de se concentrer sur les projets les plus porteurs à long terme.

L'analyse prédictive et la prise de décision temporelle

L'analyse prédictive permet aux entreprises de mieux anticiper les besoins futurs et d'adapter leurs priorités en fonction des tendances du marché. En se basant sur des modèles prédictifs, les équipes redistribuent leurs ressources en fonction des prévisions et anticipent les conflits temporels avant qu'ils ne se manifestent.

Exemple : Dans le secteur de la logistique, l'entreprise DEF Logistics utilise l'analyse prédictive pour prévoir les fluctuations de la demande et gérer les stocks en conséquence. Les équipes T-1 (opérationnelles) savent à l'avance quand elles devront intensifier leurs efforts, tandis que les équipes T+2 (commerciales) peuvent adapter leurs stratégies de vente en fonction de ces prévisions. Cela permet une meilleure synchronisation entre les temporalités et une utilisation plus optimale des ressources.

Grâce à l'analyse prédictive, les entreprises visualisent en outre les conflits potentiels et modifient leurs stratégies avant que les tensions entre les équipes n'impactent la production ou la commercialisation.

Les Outils de simulation et de modélisation

Les **outils de simulation** permettent de modéliser différents scénarios avant de prendre des décisions importantes. Ils aident les entreprises à tester diverses stratégies, à planifier les actions de manière proactive et à gérer les ressources de façon plus efficace.

Exemple : Chez **Multios**, les équipes utilisent des outils de simulation pour évaluer l'impact des décisions stratégiques sur leurs ressources. En simulant différents scénarios, les équipes ajustent les priorités et prévoient les résultats futurs, garantissant ainsi une meilleure cohérence entre les temporalités.

Ces outils minimisent également les risques en offrant une **vision anticipée** des résultats des projets, ce qui permet aux entreprises de prendre des décisions plus éclairées.

Perspectives futures : vers une gestion automatisée des Temporalités

À l'avenir, les technologies avancées telles que l'IA et l'analyse prédictive deviendront encore plus sophistiquées, offrant aux entreprises des systèmes de gestion des temporalités entièrement autonomes. Ces systèmes seront capables de suivre en temps réel l'évolution des projets, de proposer des ajustements automatiques et de résoudre les conflits entre équipes sans intervention humaine.

Exemple : Une entreprise utilisant une IA avancée pourra, dans un futur proche, projeter les calendriers de production et de commercialisation en temps réel. Si une équipe **T-1** rencontre des difficultés techniques, l'IA pourra proposer de réassigner des ressources et corriger les délais pour éviter toute perturbation des priorités des équipes **T+2**.

Avec des outils de plus en plus intelligents et des tableaux de bord autonomes, les entreprises bénéficieront d'une agilité et d'une réactivité sans précédent, permettant une **harmonisation parfaite des Temporalités**.

Conclusion du Chapitre 12

Les technologies avancées, comme l'intelligence artificielle, l'analyse prédictive et les outils de simulation, redéfinissent peu à peu la manière dont les entreprises gèrent leurs temporalités

Non seulement ces technologies optimisent les processus actuels, mais elles offrent également des perspectives futures fascinantes pour une gestion encore plus agile et automatisée. En intégrant ces outils dans leurs processus quotidiens, les entreprises seront mieux armées pour anticiper les défis futurs et harmoniser leurs temporalités de manière cohérente et proactive.

Synthèse

L'intelligence artificielle et les outils de simulation permettent d'optimiser la gestion des temporalités. Ces technologies offrent des solutions pour affiner les priorités en temps réel et anticiper les conflits entre équipes. À l'avenir, elles deviendront de plus en plus autonomes, offrant une gestion des temporalités fluide et proactive.

Points clés à retenir :

- L'IA optimise la gestion des temporalités en ajustant les priorités et en anticipant les conflits.

- L'analyse prédictive aide à prévoir les besoins et à synchroniser les équipes.

- À l'avenir, ces technologies seront encore plus autonomes et permettront une gestion proactive.

13. LE TRAVAIL COLLABORATIF À DISTANCE ET LA GESTION DES TEMPORALITÉS

L'évolution rapide des technologies de la communication a révolutionné la manière dont les entreprises gèrent leurs équipes. Le **travail collaboratif à distance** s'est imposé comme une solution incontournable pour les entreprises dispersées géographiquement, permettant une plus grande flexibilité et une meilleure réactivité. Avec l'essor du télétravail, les équipes ne sont plus limitées par les contraintes géographiques ou horaires et peuvent travailler ensemble, même si elles opèrent dans des temporalités différentes.

Dans ce chapitre, nous explorerons la manière dont le **travail à distance** et les **outils collaboratifs** transforment la gestion des temporalités. Nous verrons comment ces nouvelles méthodes permettent de mieux coordonner les équipes, d'ajuster les priorités en temps réel et de maintenir une communication fluide, quel que soit l'endroit où se trouvent les collaborateurs.

Les outils de travail collaboratif à distance

Les **outils de collaboration en ligne** ont permis d'améliorer significativement la gestion des temporalités, notamment pour les entreprises opérant sur plusieurs fuseaux horaires. Des plateformes comme **Microsoft Teams**, **Workspace de Google** et d'autres outils de gestion de projets offrent des fonctionnalités clés qui facilitent la communication et la coordination entre des équipes dispersées.

Exemple : Une entreprise multinationale comme **ABC Corp** utilise **Microsoft Teams** pour connecter ses équipes de recherche et développement situées en Asie (T-3) avec ses équipes marketing basées en Europe (T0). Ces équipes peuvent collaborer en temps réel sur des documents partagés, organiser des vidéoconférences et créer des calendriers en fonction des priorités des différents fuseaux horaires.

Ces plateformes permettent de **centraliser les informations**, de suivre l'évolution des projets et de maintenir un dialogue ouvert entre les temporalités. Les équipes peuvent ainsi mieux coordonner leurs efforts et partager des données critiques en temps réel.

La flexibilité du télétravail et l'agilité organisationnelle

Le **télétravail** apporte une **flexibilité** précieuse pour les entreprises cherchant à réagir rapidement aux imprévus. Les équipes conçoivent alors leurs horaires de travail en fonction des urgences, collaborent avec des collègues situés à l'autre bout du monde et adaptent leurs tâches sans se déplacer physiquement dans un bureau.

Exemple : Dans une entreprise comme **ABC Industries**, le télétravail a permis aux équipes techniques **T-1** de résoudre rapidement des problèmes imprévus tout en restant connectées aux équipes commerciales **T+2**. La flexibilité offerte par le télétravail permet de réagir rapidement aux nouvelles exigences du marché sans perturber la gestion des temporalités au sein des projets en cours.

L'agilité organisationnelle qu'offre le travail à distance répartit plus efficacement les ressources en fonction des besoins immédiats. Les managers ajustent alors les priorités en temps réel, réaffectent les tâches aux collaborateurs disponibles à distance et assurent une communication efficace entre les équipes, sans se préoccuper des contraintes géographiques.

Études de cas : entreprises qui tirent parti du télétravail

De nombreuses entreprises ont su exploiter le télétravail pour optimiser la gestion de leurs temporalités. XYZ Consulting, par exemple, a mis en place des outils de gestion de projets collaboratifs offrant à leurs équipes dispersées la possibilité de suivre l'avancement des tâches, de partager des documents en ligne et de modifier les priorités en fonction des délais clients.

En intégrant des plateformes comme Slack, les équipes T-1 (techniques) et T+2 (commerciales) de XYZ Consulting restent alignées sur les objectifs des projets, même en télétravail. Cela a permis une réactivité accumulée aux demandes des clients et une coordination plus fluide entre les différentes temporalités.

L'avenir du travail collaboratif à distance

Le travail collaboratif à distance continue d'évoluer avec l'essor des technologies. À l'avenir, les outils de télétravail deviendront plus accessibles et conviviaux, ils offriront des solutions encore plus avancées pour harmoniser les temporalités. Par exemple, des systèmes de gestion de planification et de partage de bureau analyseraient en temps réel les performances des équipes réparties, ajusteraient automatiquement les calendriers en cas de retards ou de conflits et proposeraient des solutions pour redistribuer les tâches en fonction des compétences et des disponibilités. Ce fonctionnement renforcerait la réactivité et maintiendrait une gestion des temporalités encore plus fluide.

Conclusion du Chapitre 13

Le travail collaboratif à distance représente désormais un pilier essentiel pour les entreprises modernes, offrant une flexibilité accrue et une plus grande agilité dans la gestion des temporalités. Grâce aux outils collaboratifs et aux plateformes de gestion de projets, les entreprises connectent leurs équipes, optimisent l'allocation des ressources et ajustent les priorités en temps réel, même lorsque leurs collaborateurs sont géographiquement éloignés. À l'avenir, ces outils deviendront encore plus intelligents, ouvrant la voie à une gestion des temporalités davantage automatisée et réactive.

Synthèse

Le travail collaboratif à distance offre une flexibilité qui améliore la gestion des temporalités dans les entreprises géographiquement dispersées. Les outils de communication en ligne et de gestion de projets assurent une meilleure coordination entre équipes, quels que soient leurs fuseaux horaires ou leur localisation.

Points clés à retenir :

- Le travail collaboratif à distance favorise une meilleure flexibilité dans la gestion des temporalités.
- Les outils comme Microsoft Teams et Slack améliorent la coordination des équipes.
- La communication en temps réel ajuste les priorités à distance.

14. LA GESTION DU CHANGEMENT DANS LES TEMPORALITÉS

Le **changement** est inévitable dans toute organisation. Qu'il s'agisse de l'adoption de nouvelles technologies, de la réorientation stratégique, ou encore de fusions et acquisitions, ces moments de transition bouleversent souvent la dynamique interne d'une entreprise. Le défi consiste à gérer ces transitions sans perturber l'équilibre des équipes et des projets en cours.

Dans une entreprise où coexistent différentes **Temporalités**, comme T-3 (recherche à long terme) et T+2 (focus commercial), le changement peut créer des tensions importantes. Les équipes tournées vers le futur peinent à ajuster leurs projets pour répondre à des besoins immédiats, tandis que celles opérant sur des temporalités courtes sont ralenties par les ajustements liés aux projets à long terme.

Ce chapitre explore les **défis** du changement dans un environnement interdisciplinaire, où chaque équipe présente des priorités et des perspectives temporelles distinctes. Il propose également des **techniques** pour harmoniser ces visions et minimiser les conflits pendant les périodes de transition.

Les défis du changement dans un environnement interdisciplinaire

Lorsque les entreprises affrontent des transitions importantes, comme un changement de direction, une fusion, ou la mise en place d'une nouvelle stratégie, chaque équipe réagit différemment en fonction de sa **temporalité**. Par exemple, une équipe **T-3**, tournée vers l'innovation à long terme, percevrait ces changements comme une opportunité pour redéfinir ses objectifs futurs, tandis qu'une équipe **T0** se concentrant sur l'exécution immédiate des tâches serait perturbée par l'incertitude générée par ces transitions.

Les défis principaux incluent :

- **Manque de communication** : Les temporalités différentes impliquent des priorités divergentes. Lors des changements, la communication entre les équipes est souvent insuffisante, entraînant des malentendus et des conflits.

- **Réactivité variable** : Les équipes axées sur le long terme peinent à calibrer leurs projets pour répondre aux besoins immédiats créés par le changement, tandis que les équipes axées sur l'opérationnel sont freinées par des ajustements à long terme.

- **Conflit d'intérêts temporels** : Une nouvelle stratégie génère parfois des conflits entre les équipes qui souhaitent capitaliser sur les gains à court terme et celles qui visent des objectifs à plus long terme.

Techniques pour harmoniser les visions temporelles

Pour harmoniser tout changement dans une organisation, il est essentiel d'**aligner les différentes Temporalités**. Voici quelques techniques pour y parvenir :

- **Planification transversale** : Lors des périodes de transition, il est crucial de réunir des représentants de chaque temporalité (T-3 à T+3) pour créer une feuille de route commune et ainsi assurer la prise en compte des objectifs à court, moyen et long terme

- **Communication intertemporelle régulière** : La mise en place de **réunions de synchronisation** fréquentes, avec des représentants de chaque temporalité, maintient un dialogue ouvert et assure l'alignement de toutes les équipes sur les priorités du changement.

- **Gestion du timing du changement** : Adapter le timing des projets en fonction des temporalités permet d'éviter de brusquer les équipes qui opèrent à des horizons différents. Par exemple, un changement qui touche l'innovation (T-3) peut être introduit de manière progressive pour éviter d'impacter les équipes opérationnelles (T0).

Études de cas : entreprises qui ont traversé des transitions réussies

Exemple 1 : **ABC Solutions** est une entreprise technologique qui a dû traverser une fusion avec une société concurrente. En alignant ses temporalités T-3 (développement produit) et T+2 (force commerciale), DEF Solutions a réussi à mener cette transition sans perturber la production ou les ventes. Elle a utilisé des **réunions de planification stratégique** avec des représentants de chaque temporalité pour harmoniser les priorités des différentes équipes.

Exemple 2 : **XYZ Industries**, une entreprise de logistique, a introduit un nouveau système ERP. Plutôt que d'imposer un changement rapide, elle a intégré progressivement chaque équipe selon sa temporalité. Les équipes **T-3** se sont concentrées sur l'intégration à long terme du système, tandis que les équipes **T0** ont travaillé sur la mise en œuvre des fonctionnalités essentielles à court terme, minimisant ainsi les conflits.

Conclusion du Chapitre 14

La gestion du changement dans une organisation opérant sur des Temporalités multiples représente un défi de taille. En mettant en place des **stratégies de synchronisation** et en adoptant des techniques pour harmoniser les différentes priorités temporelles, les entreprises naviguent avec succès dans les périodes de transition. La clé est de favoriser une **communication intertemporelle ouverte**, de planifier de manière transversale et d'ajuster le timing des changements pour éviter de créer des conflits inutiles.

Synthèse

Les périodes de changement, telles que les fusions ou les réorientations stratégiques, perturbent les temporalités. Une gestion efficace du changement repose sur la communication intertemporelle, la planification transversale et l'adaptation du timing pour minimiser les tensions entre les équipes.

Points clés à retenir :

- Le changement génère des tensions entre temporalités.
- La communication intertemporelle et la planification transversale réduisent les conflits.
- Adapter le timing du changement est crucial pour garantir une transition harmonieuse.

15. L'INNOVATION TEMPORELLE

L'innovation est la clé du succès à long terme pour toute entreprise. Cependant, la capacité à innover dépend largement de la manière dont une entreprise gère ses différentes **temporalités**. Un projet innovant nécessite une **vision à long terme** (T-3), tout en tenant compte des réalités du marché à court terme (T0, T+1). Un mauvais alignement de ces différentes temporalités peut entraîner des retards dans l'exécution des projets, des conflits internes et même des échecs dans la mise en marché de produits innovants.

Dans ce chapitre, nous examinerons le lien étroit entre l'innovation et la gestion des temporalités. Nous verrons comment certaines entreprises ont su harmoniser leurs priorités à court et à long terme pour créer un environnement où l'innovation prospère. Enfin, nous explorerons des **études de cas** illustrant la façon dont l'alignement des temporalités permet à ces entreprises d'innover de manière plus fluide, plus rapide et plus efficace.

Influence des Temporalités sur l'innovation

La gestion des **Temporalités** joue un rôle central dans le processus d'**innovation**. Chacune des temporalités apporte une contribution unique à la réussite d'un projet innovant :

- **T-3 (Recherche et Développement)** : Les équipes de R&D sont généralement tournées vers l'avenir, à la recherche d'idées et de technologies qui permettront à l'entreprise de se différencier sur le marché à long terme. Cependant, leur travail doit souvent être synchronisé avec les équipes opérationnelles pour s'assurer que les innovations sont viables à court terme.

- **T0 (Opérations et Production)** : Les équipes opérationnelles, quant à elles, sont concentrées sur l'exécution immédiate des projets. Leur défi est d'intégrer des innovations sans perturber les processus en cours, tout en tenant compte des exigences de production et des délais clients.

- **T+2 (Marketing et Commercial)** : Les équipes commerciales jouent un rôle clé dans l'**anticipation des besoins du marché**. Elles fournissent des informations cruciales sur les tendances du marché à venir, aidant ainsi les équipes de R&D à orienter leurs efforts de manière plus stratégique. Leur rôle est d'amener les innovations sur le marché au bon moment.

Cependant, lorsque ces temporalités ne sont pas alignées, des **conflits** apparaissent. Par exemple, une équipe de R&D peut développer une technologie avancée, mais si l'équipe commerciale ne voit pas d'application immédiate sur le marché, l'innovation peut être retardée ou abandonnée. À l'inverse, une pression excessive des équipes commerciales pour lancer un produit rapidement peut entraîner un manque de rigueur dans la phase de recherche, compromettant ainsi la qualité de l'innovation.

Stratégies pour aligner Innovation et Temporalité

Pour permettre une innovation fluide, il est crucial d'**aligner** les temporalités. Voici quelques stratégies pour y parvenir :

- **Créer un pont entre R&D et les opérations** : La coordination entre les équipes **T-3** et **T0** est essentielle pour garantir la mise en œuvre rapide des innovations technologiques développées par les équipes de R&D. Organiser des réunions régulières entre ces équipes synchronise les efforts et assure la viabilité des idées innovantes dans les délais impartis.

- **Utiliser les retours du marché pour orienter l'innovation** : Les équipes commerciales **T+2** sont en première ligne pour capter les besoins des clients et les tendances du marché. Il est important que ces retours soient intégrés dans le processus d'innovation, afin que les idées développées par les équipes de R&D répondent aux besoins du marché à court et moyen terme.

- **Favoriser une communication continue entre temporalités** : Organiser des réunions de **synchronisation intertemporelle** harmonise les priorités de chaque équipe et évite les conflits liés aux différences de temporalités. Ce fonctionnement garantit que les équipes ne travaillent pas en silos, mais collaborent de manière fluide tout au long du cycle d'innovation.

Études de cas : entreprises qui ont réussi grâce à l'alignement des Temporalités

Exemple 1 : **Tesla** est un excellent exemple d'entreprise ayant aligné ses temporalités pour innover plus rapidement. Tesla a réussi à innover dans le domaine des véhicules électriques grâce à une parfaite synchronisation entre ses équipes de **Recherche et Développement** (T-3) et ses équipes **opérationnelles** (T0). La capacité de Tesla à développer rapidement des technologies innovantes, tout en répondant aux besoins immédiats du marché, a été l'un des facteurs clés de son succès.

Exemple 2 : **Apple** a réussi à aligner ses temporalités grâce à une forte intégration entre ses équipes **commerciales** (T+2) et **techniques** (T-1). Apple est connue pour son sens de l'innovation, mais cette réussite repose sur une gestion habile de ses priorités à court et à long terme. Par exemple, le lancement de chaque nouvel iPhone repose sur une anticipation précise des besoins futurs du marché, tout en intégrant des technologies innovantes développées plusieurs années à l'avance.

Conclusion du Chapitre 15

L'**innovation** est intimement liée à la manière dont une entreprise gère ses **Temporalités**. En alignant les priorités à court et à long terme, les entreprises maximisent leur capacité à innover tout en restant agiles et réactives face aux besoins du marché. Grâce à une gestion harmonieuse des temporalités, des entreprises comme Tesla et Apple ont réussi à se démarquer de la concurrence, prouvant que l'**innovation temporelle** est un levier essentiel pour obtenir un avantage compétitif durable

---

Synthèse

L'innovation dépend de la capacité à gérer les temporalités. Les entreprises qui réussissent à aligner les priorités à court et à long terme, comme Tesla ou Apple, maximisent leur capacité d'innovation tout en restant agiles face aux besoins du marché.

Points clés à retenir :

- L'innovation requiert un alignement des temporalités (T-3, T0, T+2).
- Les retours du marché doivent être intégrés dans les processus d'innovation.
- Les exemples de Tesla et Apple prouvent que l'alignement temporel favorise l'innovation durable.

16. LA CULTURE D'ENTREPRISE ET LES TEMPORALITÉS

La **culture d'entreprise** joue un rôle fondamental dans la manière dont les équipes interagissent, collaborent et gèrent leurs priorités. Une culture organisationnelle forte et bien définie favorise non seulement la **cohésion** et la **communication**, mais influence également la façon dont les équipes gèrent leurs **temporalités**. Dans un environnement où coexistent plusieurs horizons temporels – comme les équipes tournées vers l'avenir (T-3) et celles concentrées sur des résultats immédiats (T0) – la culture d'entreprise peut soit faciliter, soit entraver l'alignement des priorités.

Dans ce chapitre, nous allons examiner la façon dont la culture d'entreprise influence la perception des temporalités et son utilisation dans le but favoriser une **collaboration intertemporelle** fluide. Nous explorerons également des exemples d'entreprises ayant su développer une culture qui valorise l'intégration des temporalités, permettant ainsi à leurs équipes de travailler en harmonie tout en atteignant leurs objectifs.

Influence de la culture d'entreprise sur les Temporalités

La culture d'une organisation façonne non seulement les comportements individuels, mais aussi la manière dont les équipes perçoivent et gèrent le **temps**. Une entreprise avec une culture de l'**urgence permanente** risque de pousser ses équipes à se concentrer exclusivement sur des résultats immédiats, négligeant ainsi les besoins à long terme (T-3, T-2). À l'inverse, une entreprise avec une culture d'**anticipation excessive** pourrait accorder trop d'importance à la planification à long terme, au détriment des besoins immédiats du marché.

Voici quelques façons dont la culture d'entreprise peut influencer la gestion des temporalités :

- **Focus à court terme (T0)** : Dans certaines organisations, la pression pour produire des résultats immédiats peut être très forte, surtout si la culture est orientée vers des objectifs à court terme. Cela peut créer un fossé entre les équipes qui opèrent sur des horizons plus longs (T-3, R&D) et celles qui se concentrent sur l'exécution rapide.

- **Vision à long terme (T-3)** : À l'inverse, une culture axée sur l'innovation et la recherche de nouvelles opportunités peut amener les équipes à perdre de vue les objectifs à court terme. Les équipes de **R&D** peuvent être déconnectées des impératifs immédiats du marché, créant ainsi des tensions avec les équipes commerciales ou opérationnelles.

- **Équilibre inter-temporel** : Certaines entreprises parviennent à maintenir un équilibre entre les temporalités en intégrant des processus qui valorisent à la fois l'innovation à long terme et l'efficacité à court terme. Cela passe par une culture orientée vers la **transparence**, l'**empathie temporelle** et la **collaboration** entre équipes.

Stratégies pour créer une culture qui valorise la collaboration Inter-temporelle

Pour qu'une organisation réussisse à aligner ses différentes temporalités, elle doit développer une **culture d'ouverture** axée sur la communication entre équipes. Voici quelques stratégies pour y parvenir :

- **Favoriser la transparence** : La première étape pour aligner les temporalités est de promouvoir la **transparence** des objectifs et des priorités au sein de chaque équipe. En partageant les projets à long terme avec les équipes centrées sur des résultats immédiats et inversement, l'entreprise permet à ses collaborateurs de mieux comprendre les attentes et les contraintes des autres temporalités.

- **Mettre en place des rituels de synchronisation** : Les **réunions inter-temporelles** régulières sont essentielles pour maintenir un dialogue ouvert entre les équipes opérant sur des horizons différents. Ces réunions permettent de réajuster les priorités en fonction des évolutions internes ou externes et de renforcer la collaboration.

- **Créer des équipes transversales** : Les projets transversaux, impliquant des représentants de chaque temporalité, sont un excellent moyen de favoriser l'empathie et la compréhension entre les équipes. Ils créent une dynamique d'innovation tout en prenant en compte les besoins opérationnels à court terme.

- **Encourager l'empathie temporelle** : Un élément clé pour réussir à aligner les temporalités est d'encourager une **empathie temporelle** au sein de l'organisation. Les équipes doivent être sensibilisées aux contraintes temporelles des autres départements pour mieux comprendre leurs défis et leurs priorités.

Études de cas : entreprises ayant développé des cultures axées sur l'intégration des Temporalités

Exemple 1 : **Google** est une entreprise qui a su développer une culture d'entreprise axée sur l'innovation, tout en valorisant la collaboration entre temporalités. Les équipes de **R&D** (T-3) sont en constante interaction avec les équipes **opérationnelles** (T0) et **commerciales** (T+2), ce qui maintient un équilibre entre l'innovation à long terme et les besoins immédiats des utilisateurs. Cette culture de transparence et de collaboration permet à Google de rester à la pointe de l'innovation tout en répondant rapidement aux attentes du marché.

Exemple 2 : **Ecosteryl** a mis en place une culture organisationnelle axée sur la durabilité et l'innovation à long terme. Grâce à des **rituels de synchronisation** réguliers, les équipes de **R&D** (T-3) et les équipes **commerciales** (T+2) travaillent de concert pour lancer des produits respectueux de l'environnement, tout en tenant compte des tendances du marché à court terme. Grâce à cette stratégie, Ecosteryl s'adapte rapidement tout en poursuivant ses objectifs à long terme.

Conclusion du Chapitre 16

La culture d'entreprise est un levier puissant pour favoriser la **collaboration inter-temporelle** et améliorer la gestion des temporalités. En créant une culture d'ouverture, de transparence et d'empathie temporelle, les entreprises alignent leurs priorités à court et à long terme, tout en favorisant une meilleure communication et une meilleure coordination entre les équipes. Les entreprises qui réussissent à intégrer ces principes dans leur culture organisationnelle sont mieux armées pour relever les défis de l'innovation et de la compétitivité à long terme.

Synthèse :
La culture d'entreprise influence la manière dont les temporalités sont perçues et gérées. Une culture qui valorise la collaboration intertemporelle synchronisent plus efficacement les priorités à court et à long terme, favorisant ainsi la performance globale de l'entreprise.

Points clés à retenir :

- La culture d'entreprise peut soit faciliter, soit entraver l'alignement des temporalités.
- La transparence et l'empathie temporelle favorisent la collaboration inter-temporelle.
- Les entreprises comme Google et Ecosteryl ont réussi à développer des cultures axées sur l'intégration des temporalités.

17. LES CAS D'ÉCHECS DANS LA GESTION DES TEMPORALITÉS

Dans la gestion des temporalités, tous les projets ne connaissent pas le succès. Des entreprises ont échoué en raison d'une mauvaise synchronisation des équipes, d'une mauvaise communication entre les temporalités, ou encore d'un désalignement stratégique.

Dans ce chapitre, nous examinerons des cas concrets où des entreprises n'ont pas su gérer les différentes temporalités, entraînant des retards, des pertes financières, ou même des faillites. L'analyse de ces échecs détermine les pièges à éviter et les leçons à tirer pour garantir une meilleure harmonisation des temporalités au sein d'une organisation.

Cas d'échec 1 : le lancement de New Coke par Coca-Cola

En 1985, Coca-Cola a pris l'une des décisions les plus controversées de son histoire en lançant une nouvelle formule de son produit phare, le **New Coke**. Ce changement a été principalement motivé par la volonté de contrer la montée en popularité de Pepsi. Cependant, la gestion des temporalités autour de cette décision a été un désastre.

- **Erreur de Temporalité T+3 (anticipation des besoins futurs)** : Coca-Cola a misé sur une hypothèse de marché à long terme selon laquelle une nouvelle formule plus douce plairait à la nouvelle génération de consommateurs. Cependant, cette vision à long terme n'a pas tenu compte de l'attachement émotionnel des consommateurs à la formule originale.

- **Erreur de synchronisation avec T0 (besoins immédiats)** : L'équipe marketing, focalisée sur les tendances futures, n'a pas pris en compte les retours immédiats des clients et a sous-estimé la réaction du public. Le lancement a entraîné une vague de protestations, obligeant Coca-Cola à réintroduire l'ancienne formule sous le nom "Coca-Cola Classic" après seulement quelques mois.

Leçon à retenir : Une gestion des temporalités qui néglige l'attachement émotionnel des clients à un produit existant, en se concentrant uniquement sur les tendances futures, peut entraîner une perte de confiance et un retour en arrière coûteux. Il est crucial d'équilibrer les besoins futurs et actuels du marché.

Cas d'échec 2 : Nokia et le Marché des Smartphones

Nokia a longtemps été le leader incontesté du marché des téléphones portables. Cependant, son incapacité à adopter rapidement la technologie des smartphones et à s'adapter aux nouvelles exigences du marché a entraîné une perte colossale de parts de marché au profit d'Apple et de Samsung.

- **Erreur de Temporalité T-3 (recherche et développement à long terme)** : Nokia n'a pas réussi à anticiper correctement l'évolution rapide du marché vers les smartphones. Les équipes de R&D, qui opéraient sur des temporalités à long terme, ont été lentes à réagir aux changements technologiques, notamment avec l'émergence d'Android et d'iOS.

- **Erreur de synchronisation avec T0 et T+2 (opérations immédiates et stratégie commerciale)** : Nokia n'a pas su adapter rapidement ses produits aux besoins immédiats des clients, préférant se concentrer sur son infrastructure existante de téléphones portables classiques. Le lancement tardif de leurs smartphones a manqué de cohérence avec les attentes du marché, qui avaient déjà adopté massivement les nouvelles technologies.

Leçon à retenir : L'échec de Nokia illustre les dangers d'une temporalité mal ajustée, où une R&D focalisée sur des cycles trop longs a été déconnectée des besoins immédiats du marché. Il est essentiel d'être agile et de répondre rapidement aux évolutions technologiques pour ne pas perdre sa place face à la concurrence.

Cas d'échec 3 : Blockbuster et la montée de Netflix

Blockbuster était autrefois un géant de la location de films. Cependant, l'incapacité de l'entreprise à anticiper la montée des services de streaming, en particulier Netflix, a conduit à sa chute.

- **Erreur de Temporalité T+3 (anticipation stratégique)** : Blockbuster n'a pas su anticiper l'évolution vers la diffusion numérique, restant focalisée sur son modèle de location physique à long terme. Pendant ce temps, Netflix a su anticiper la transition vers le streaming et a ajusté sa stratégie à temps.

- **Erreur de synchronisation entre T0 (besoins immédiats des clients) et T-1 (opérations internes)** : Blockbuster a sous-estimé la demande croissante pour des services de streaming plus flexibles, préférant se concentrer sur ses magasins physiques. Cette déconnexion entre les besoins immédiats des consommateurs et l'infrastructure obsolète a précipité son déclin.

Leçon à retenir : Blockbuster a manqué l'opportunité d'adopter une stratégie à long terme pour faire face aux nouvelles technologies. L'entreprise n'a pas su équilibrer ses priorités immédiates avec la nécessité de se réinventer pour répondre aux changements du marché.

Cas d'Échec 4 : Kodak et l'invention de la photographie numérique

Kodak est un exemple classique d'une entreprise qui a inventé une technologie révolutionnaire mais qui a échoué à l'exploiter. Bien que Kodak ait inventé le premier appareil photo numérique, l'entreprise n'a pas su aligner ses temporalités pour capitaliser sur cette innovation.

- **Erreur de Temporalité T+3 (planification stratégique à long terme)** : Kodak a développé la technologie numérique, mais ses dirigeants ont choisi de retarder son introduction sur le marché, craignant qu'elle cannibalise leurs ventes de films photographiques traditionnels. Cette stratégie a sous-estimé l'importance de l'innovation pour le futur du marché.

- **Erreur de synchronisation avec T-1 (développement technique)** : Malgré des avancées technologiques significatives en interne,

Kodak n'a pas su adapter ses produits aux nouvelles attentes des consommateurs. Alors que le marché de la photographie numérique explosait, Kodak s'est retrouvé dépassée par des concurrents plus agiles comme Canon et Sony.

Leçon à retenir : L'échec de Kodak montre qu'un décalage entre les innovations techniques internes et la stratégie commerciale peut être fatal. Même une avance technologique peut être perdue si elle n'est pas exploitée à temps.

Conclusion du Chapitre 17

Ces cas d'échecs démontrent l'importance cruciale d'une gestion cohérente des temporalités. Que ce soit par une mauvaise anticipation du marché, un décalage entre l'innovation et les besoins immédiats, ou une stratégie à long terme mal adaptée, chaque entreprise doit constamment ajuster ses priorités temporelles. Les échecs de Coca-Cola, Nokia, Blockbuster et Kodak soulignent que même les plus grandes entreprises peuvent tomber si elles ne parviennent pas à aligner correctement leurs temporalités.

Les entreprises doivent apprendre de ces erreurs pour éviter de les réitérer. En équilibrant les priorités à court et à long terme, en synchronisant les efforts des équipes et en anticipant les évolutions du marché, elles peuvent maximiser leurs chances de réussite.

18. L'ERGONOMIE DU LIEU DE TRAVAIL : STRUCTURER POUR LEVER LES BARRIÈRES

L'environnement de travail joue un rôle crucial dans la collaboration et la communication interdisciplinaire. Un espace de travail bien conçu favorise l'interaction entre les équipes, la fluidité des échanges et l'harmonisation des temporalités. À l'inverse, un environnement mal adapté tend à aggraver les conflits, les malentendus et les inefficacités.

Dans ce chapitre, nous allons explorer les possibilités de l'exploitation de l'ergonomie du lieu de travail pour créer un espace de travail qui favorise la synergie des temporalités, et ainsi appréhender la manière dont l'aménagement de l'espace favorise les chaînes d'allocution avec des temporalités identiques ou liées, tout en séparant les temporalités antagonistes.

Principes d'aménagement pour une ergonomie temporelle optimale

Regroupement des Temporalités similaires

L'un des principes clés de l'ergonomie temporelle est de regrouper les équipes qui partagent des temporalités similaires ou complémentaires. En rapprochant physiquement les équipes œuvrant sur des horizons temporels proches, la communication, la coordination et la collaboration sont facilitées.

Par exemple, les équipes de vente (T+2) et de marketing (T0) pourraient partager un même espace de travail, car elles sont toutes deux axées sur la satisfaction client et la réactivité aux demandes du marché. De même, les équipes de recherche et développement (T-3) et d'incubation (T-2) pourraient être regroupées pour favoriser l'innovation et le développement de nouveaux produits.

Séparation des Temporalités antagonistes

La séparation des temporalités antagonistes est un principe clé dans la gestion de l'ergonomie temporelle au sein d'une entreprise. La proximité spatiale entre les équipes qui travaillent sur des échéances à court terme et celles dont le focus est sur des objectifs à long terme peut engendrer des frictions et des inefficacités. Les équipes de production, par exemple, sont souvent soumises à des contraintes de temps strictes, devant livrer des résultats immédiats, tandis que les équipes de recherche et de développement, qui opèrent sur des horizons temporels plus longs, ont besoin d'un environnement calme et propice à la réflexion.

Conséquences d'une mauvaise gestion des antagonismes temporels

Si ces équipes sont placées dans des espaces de travail trop proches, plusieurs problèmes peuvent émerger. Par exemple :

- **Interruptions constantes** : Les équipes de production, dans leur quête de rapidité, peuvent être en situation d'urgence constante. Cela se traduit souvent par des interruptions fréquentes pour obtenir des réponses rapides aux problèmes immédiats. Pour les équipes de R&D, qui ont besoin de concentration pour développer des solutions à long terme, ces interruptions peuvent briser le flux créatif, privilégiant la productivité et augmentant le stress.

- **Tensions entre objectifs divergents** : Une équipe de production qui doit livrer un produit immédiatement peut ressentir de la frustration si elle doit attendre des avancées d'une équipe de R&D. Les équipes de R&D, en revanche, peuvent se sentir sous pression, car leurs priorités à long terme ne sont pas compatibles avec l'urgence perçue par les équipes de production.

- **Conflits culturels** : Les temporalités antagonistes ne se manifestent pas seulement au niveau opérationnel, mais aussi au niveau des cultures de travail. Les équipes axées sur l'innovation à long terme peuvent percevoir les équipes focalisées sur les échéances immédiates comme étant trop rigides ou trop réactives, tandis que ces dernières peuvent estimer que la R&D manque de pragmatisme ou de réalisme.

Cas d'étude : La proximité nuisible des temporalités chez XYZ Inc.

Un exemple concret de ces antagonismes se trouve dans une entreprise fictive, XYZ Inc., qui a récemment réorganisé ses locaux en regroupant les équipes de production et de recherche dans le même espace de travail. Cette décision, visant à encourager une meilleure communication entre les départements, a rapidement engendré des problèmes.

Les équipes de production (T-1) étaient régulièrement en contact avec les équipes de R&D (T-3), qui travaillaient sur des innovations pour de futurs produits. Cependant, les équipes de production devaient gérer des commandes urgentes et des problèmes quotidiens, ce qui les poussait à interrompre fréquemment les équipes de R&D pour obtenir des informations ou des validations techniques. Cette situation a généré des tensions : les ingénieurs de R&D se plaignaient de ne pas avoir assez de temps pour se concentrer sur les prototypes, tandis que les équipes de production exprimaient de la frustration face aux retards causés par la lenteur des processus d'innovation.

Les performances globales ont commencé à décliner. La production a pris du retard, les délais d'innovation se sont allongés et l'ambiance de travail s'est détériorée.

Solution : appliquer le principe de séparation

Pour résoudre cette situation, XYZ Inc. a réorganisé son espace de travail en fonction des temporalités. Les équipes de production ont été déplacées dans une zone plus dynamique et proche des bureaux des équipes commerciales (T+2), avec lesquelles elles partageaient des objectifs à court terme. Les équipes de R&D, quant à elles, ont été placées dans un environnement plus calme et isolé, propice à la réflexion, loin des urgences quotidiennes.

Cette séparation physique a permis aux deux équipes de mieux se concentrer sur leurs priorités respectives. Les interruptions inutiles ont été réduites et un système de synchronisation formalisé a été mis en place pour que les échanges entre les équipes de production et de R&D aient lieu à des moments dédiés, lorsque les deux équipes peuvent se rencontrer sans nuire à leur productivité.

Cette anecdote montre bien comment la gestion des temporalités antagonistes impacte directement la productivité et la qualité des relations internes dans une entreprise. En séparant les temporalités antagonistes, les entreprises atténuent les tensions, améliorent la concentration des équipes et renforcent la collaboration sur des bases plus efficaces. C'est un principe essentiel pour toute organisation qui cherche à maximiser la performance de ses équipes tout en maintenant un environnement de travail harmonieux.

Espaces de collaboration flexibles

Les **espaces de collaboration flexibles** constituent un élément central de la création d'un environnement de travail moderne et performant. Contrairement aux postes de travail fixes et cloisonnés, ces espaces sont conçus pour être polyvalents et s'adapter aux besoins variés des équipes et des projets en cours. Ils permettent de créer un cadre dynamique où la créativité, l'innovation et l'échange d'idées se font librement, tout en répondant aux contraintes des différentes temporalités des métiers.

L'importance de la flexibilité dans les environnements de travail

Aujourd'hui, les projets sont de plus en plus transversaux et multidisciplinaires, impliquant des équipes provenant de départements variés. La flexibilité des espaces de travail permet aux équipes de se regrouper temporairement pour résoudre des problématiques spécifiques ou avancer sur des projets qui nécessitent des compétences variées. En offrant la possibilité de se réunir dans un espace commun, les entreprises encouragent les interactions spontanées, la résolution rapide des problèmes et l'émergence de nouvelles idées.

Les **espaces de collaboration flexibles** doivent être équipés de meubles modulaires, de murs amovibles, de tableaux interactifs et de technologies permettant la communication en temps réel, comme les outils de vidéoconférence. Ce type d'aménagement permet une **polyvalence maximale**, que ce soit pour de courtes réunions informelles, des séances de brainstorming, ou des présentations plus formelles. Par exemple, une équipe technique peut rapidement transformer une salle de réunion en un atelier temporaire pour tester des prototypes, tandis qu'une équipe commerciale peut y organiser une réunion client.

Adaptabilité aux Temporalités des équipes

Un aspect essentiel de ces espaces est leur **adaptabilité aux différentes Temporalités**. Les équipes fonctionnant sur des horizons temporels différents, telles que les équipes de production à court terme et les équipes de recherche à long terme, peuvent toutes bénéficier de ces espaces flexibles. Par exemple, une équipe marketing (T0) peut organiser une réunion de coordination avec les équipes de développement produit (T-2) dans un espace collaboratif, afin de s'assurer que les besoins immédiats du marché sont pris en compte dans le développement à moyen terme.

Les équipes aux temporalités divergentes peuvent également utiliser ces espaces pour clarifier leurs attentes et phaser leurs priorités en fonction des besoins de l'entreprise. Cela permet d'éviter les incompréhensions et de renforcer la collaboration entre des métiers qui, à première vue, semblent avoir des objectifs opposés.

Caractéristiques des espaces de collaboration flexibles

- **Mobilité et modularité des meubles** : Les chaises, tables et autres éléments doivent pouvoir être déplacés et réorganisés facilement pour s'adapter à différents types de réunions. Cette modularité permet d'organiser l'espace selon les besoins, qu'il s'agisse de petites équipes ou de grands groupes.

- **Technologie intégrée** : Les espaces doivent être équipés de technologies permettant une communication fluide, comme des écrans interactifs, des systèmes de visioconférence, ou des outils collaboratifs en ligne. Cela est particulièrement important pour les équipes qui travaillent en mode hybride ou pour les projets nécessitant la collaboration de plusieurs sites.

- **Zones ouvertes et fermées** : Pour répondre aux besoins variés des équipes, il est crucial d'avoir des zones ouvertes favorisant les échanges informels ainsi que des espaces plus privés pour les discussions sensibles ou les moments de concentration intense.

- **Espaces de détente intégrés** : La collaboration ne se limite pas aux réunions formelles. Les espaces de détente, tels que les cafétérias ou les zones de pause, sont souvent le théâtre de conversations informelles qui débouchent sur des idées novatrices. Un environnement flexible inclut ces zones pour encourager les interactions spontanées entre collègues.

L'exemple des entreprises innovantes

Des entreprises comme **Google** et **Airbnb** ont bien compris l'importance de ces espaces flexibles et les ont intégrés dans leur culture d'entreprise. Chez Google, les employés ont accès à des « huddle room » — des petites salles collaboratives accessibles à tout moment, où ils peuvent échanger des idées en petit comité. Airbnb, quant à lui, a conçu ses bureaux autour de l'idée de "zones d'équipes" ouvertes, où la collaboration est facilitée par des espaces modulaires adaptés selon le projet.

Ces exemples démontrent que la flexibilité dans l'aménagement des espaces de travail impacte directement la productivité et l'innovation. En permettant aux équipes de s'adapter à chaque projet, les entreprises offrent à leurs employés l'opportunité de travailler de manière plus fluide et plus collaborative.

Les espaces de collaboration flexibles sont plus qu'un simple aménagement pratique ; ils représentent un **levier stratégique** pour encourager la transversalité et l'adaptabilité des équipes. En combinant mobilité, technologie et modularité, ces espaces permettent aux entreprises de s'adapter aux défis d'une communication interdisciplinaire. Ils offrent un environnement où les temporalités se rencontrent, se synchronisent et où les barrières entre les équipes tombent pour laisser place à une collaboration efficace.

Signalétique claire et intuitive : guider et inspirer

Une signalétique claire et intuitive est essentielle pour faciliter la circulation et l'orientation dans l'espace de travail, tout en renforçant l'identité et la cohésion de chaque temporalité. Elle permet à chaque membre de l'équipe de se repérer rapidement, de comprendre l'organisation globale de l'entreprise et de visualiser la façon dont le travail s'intègre dans un système plus large.

Un code couleur pour chaque temporalité :

Pour différencier visuellement les espaces dédiés à chaque temporalité, un code couleur spécifique a été attribué à chacune d'elles. Ce système permet d'identifier rapidement les zones et les équipes, tout en créant un environnement visuel stimulant et harmonieux.

Exemples :

- Le violet foncé pour les équipes de Recherche et Développement (T-3) symbolise leur vision à long terme et leur capacité d'anticipation.

- L'orange vif des équipes marketing (T0) reflète l'urgence et la réactivité de leurs tâches quotidiennes.

- Le bleu foncé pour le département technique (T-1) représente la précision et la mise en œuvre.

- Le vert foncé pour les équipes de planification stratégique (T+3) symbolise la stabilité et la croissance à long terme.

Des personnages symboliques pour incarner les valeurs :

En complément du code couleur, des personnages symboliques ont été intégrés à la signalétique pour incarner les valeurs et les missions de chaque temporalité. Ces figures emblématiques créent une atmosphère inspirante et motivante, tout en renforçant le sentiment d'appartenance à une équipe.

Exemples :

- Albert Einstein pour la R&D, représentant l'innovation à long terme.
- Steve Jobs pour le marketing, symbole de communication efficace et d'interaction avec le marché.

Avantages d'une signalétique claire et intuitive :

- **Orientation facile :** Les employés peuvent se diriger rapidement vers la bonne zone ou le bon service.
- **Gain de temps :** La recherche des collaborateurs et des informations est simplifiée, ce qui améliore l'efficacité des échanges.
- **Communication fluide :** Le code couleur et les symboles facilitent la compréhension des rôles et des responsabilités de chaque temporalité.
- **Cohésion d'équipe :** Les employés visualisent la manière dont leur travail s'inscrit dans une échelle temporelle plus large et contribue à l'objectif global de l'entreprise.
- **Ambiance de travail positive :** L'utilisation de couleurs harmonieuses et de personnages inspirants favorise un environnement de travail agréable et stimulant.

Compléter la signalétique :

Pour maximiser l'impact de la signalétique, il est possible de l'accompagner de panneaux informatifs ou interactifs. Ces supports présentent par exemple les rôles de chaque temporalité, leurs priorités, les projets en cours, des chiffres clés etc. Ils contribuent ainsi à éduquer les employés sur les différentes temporalités et à renforcer la transparence au sein de l'entreprise.

En résumé, une signalétique claire, intuitive et inspirante est un outil puissant pour optimiser l'organisation de l'espace de travail et favoriser la collaboration interdisciplinaire. Elle crée un environnement où chaque employé se sent à sa place, comprend son rôle et contribue activement à la réussite collective.

Intégration des technologies

Les technologies peuvent jouer un rôle important dans l'optimisation de l'ergonomie temporelle. Par exemple, des outils de communication et de collaboration en ligne facilitent les échanges entre les équipes, même si elles sont physiquement séparées. De même, des systèmes de gestion des tâches et des projets aident à coordonner les efforts et à synchroniser les temporalités.

Conclusion Chapitre 18

L'ergonomie du lieu de travail représente un levier puissant pour améliorer la collaboration et la communication interdisciplinaire. En créant un espace de travail qui favorise la synergie des temporalités, c'est-à-dire en regroupant les temporalités similaires et en séparant les temporalités antagonistes, les entreprises créent des environnements de travail plus efficaces, plus harmonieux et plus propices à l'innovation.

19. LA TEMPORALITÉ INTERDISCIPLINAIRE EN CONTEXTE

Quand le marketing se projette dans le futur

Dans les chapitres précédents, nous avons exploré le concept de la temporalité interdisciplinaire et son application dans un contexte général, en nous concentrant sur des entreprises comme Apple et Tesla, qui maîtrisent l'anticipation à long terme grâce à des ressources conséquentes et des stratégies bien définies.

Ce chapitre se penche sur des secteurs d'activité spécifiques, où les temporalités sont souvent plus complexes et doivent composer avec des contraintes techniques, réglementaires ou économiques. L'objectif est de montrer la manière dont la temporalité interdisciplinaire s'applique de manière adaptée à ces contextes, en particulier dans des industries comme la pharmaceutique, la chimie et l'aéronautique, où la gestion des horizons temporels joue un rôle crucial dans l'innovation et la mise sur le marché de nouveaux produits.

Transition vers le marketing en T+3 :

Ce qui ressort clairement de ces différents exemples est que la gestion du **marketing en T+3**, c'est-à-dire l'anticipation des besoins futurs du marché plusieurs années avant le lancement d'un produit, est souvent centrale pour ces industries. Que ce soit dans l'aéronautique, la chimie, ou la pharmaceutique, cette capacité à se projeter bien au-delà de la simple production à court terme forge un lien fort entre la recherche, le développement et la commercialisation future.

Exemples d'industries à temporalités atypiques

- Industrie pharmaceutique : Le développement d'un nouveau médicament est un processus long et complexe, qui étale sur plusieurs années, voire décennies. La recherche fondamentale (T-3) s'étend sur de longues périodes, tandis que les essais cliniques (T-2) nécessitent une planification rigoureuse et une adaptation constante. La mise sur le marché (T-1) est soumise à des réglementations strictes et le marketing (T0) doit anticiper les besoins futurs du marché (T+3) tout en tenant compte des contraintes réglementaires (T+2).

- Exemple : Imaginez un nouveau traitement contre une maladie rare. Le marketing doit commencer à sensibiliser le public et les professionnels de santé des années avant la mise sur le marché, tout en collaborant étroitement avec les services juridiques pour naviguer dans le labyrinthe réglementaire.

- Aéronautique : La conception d'un nouvel avion est un autre exemple de projet à temporalité étendue. Les ingénieurs (T-3) travaillent sur des innovations qui ne verront le jour que plusieurs années plus tard, tandis que les équipes de production (T-1) gèrent des cycles de fabrication longs et complexes. La sécurité et la fiabilité étant primordiales, les phases de test et de certification (T-2) sont cruciales et peuvent durer plusieurs années.

    - Exemple : Le développement d'un nouvel avion de ligne nécessite des années de recherche sur les matériaux, l'aérodynamique et les systèmes de propulsion. Le marketing doit anticiper les tendances du marché et les besoins des compagnies aériennes pour positionner le nouvel appareil des années avant sa mise en service.

- Construction et grands travaux : Les projets d'infrastructure, tels que la construction de ponts, de tunnels ou de centrales électriques, s'inscrivent également dans une temporalité longue. La planification (T-3) et la réalisation (T-1) de ces projets durent des années, voire décennies. L'acquisition des terrains, les études d'impact environnemental et l'obtention des permis de construire (T-2) sont des étapes cruciales qui peuvent retarder considérablement le projet.

    - Exemple : La construction d'une nouvelle ligne de train à grande vitesse nécessite une planification minutieuse des tracés, des infrastructures et du financement. Le marketing et la communication doivent accompagner le projet sur le long terme, en informant le public et en gérant les attentes des riverains et des usagers.

Le cas du marketing en T+3 dans l'industrie pharmaceutique et chimique

Dans l'industrie pharmaceutique et chimique, le marketing doit se projeter dans un futur lointain, parfois 3 à 5 ans avant la mise sur le marché d'un produit. Cette anticipation est nécessaire pour :

- Sensibiliser le corps médical et les clients potentiels : Informer les médecins, les professionnels de santé et les industriels sur les avancées de la recherche et les bénéfices potentiels du futur produit.

- Préparer le marché : Créer une attente et un intérêt pour le produit avant son lancement.

- Anticiper les besoins : Identifier les besoins futurs des patients, des consommateurs et des industriels et adapter la stratégie marketing en conséquence.

- Influencer la réglementation : Dans certains cas, le marketing joue un rôle proactif en collaborant avec les instances réglementaires pour façonner l'environnement futur du produit.

Exemples concrets dans l'industrie chimique

- Développement de matériaux biodégradables :
    - (T-3) La recherche fondamentale sur les nouveaux matériaux nécessite des années d'études et d'expérimentations.
    - (T-2) Les nouveaux matériaux doivent être testés à grande échelle et leur impact environnemental évalué.
    - (T-1) La mise en place de nouvelles unités de production nécessite des investissements importants.
    - (T0) Le marketing doit identifier les marchés potentiels et promouvoir les avantages de ces nouveaux matériaux.

- (T+3) Le marketing doit anticiper les réglementations futures et les attentes des consommateurs.

- Transition énergétique et chimie verte :

  - (T-3) La recherche sur les procédés de chimie verte nécessite des investissements et une collaboration étroite avec la recherche académique.
  - (T-2) Les nouvelles technologies doivent être testées et validées à l'échelle pilote.
  - (T-1) La transition vers une chimie plus verte implique de repenser les processus de production.
  - (T0) Le marketing doit communiquer sur les efforts de l'entreprise en matière de développement durable.
  - (T+3) Le marketing doit anticiper les évolutions réglementaires et les attentes des consommateurs.

- Chimie numérique et modélisation moléculaire :

  - (T-3) L'utilisation de l'IA et du machine learning nécessite des compétences pointues en informatique et en data science.
  - (T-2) Les modèles prédictifs doivent être validés et affinés en continu.
  - (T-1) La chimie numérique optimise les paramètres de production en temps réel.
  - (T0) Le marketing utilise les données collectées pour mieux comprendre les besoins des clients.
  - (T+3) Le marketing anticipe l'impact de la digitalisation sur l'industrie chimique.

Dans ces industries à temporalités longues, la **Vision Miroir** devient un outil fondamental pour aligner les équipes sur des objectifs communs malgré des horizons temporels très étendus. En s'assurant que chaque département — de la R&D au marketing, en passant par la production — visualise non seulement ses propres priorités mais aussi celles des autres, l'entreprise est capable d'optimiser sa stratégie sur le long terme tout en restant agile dans ses opérations à court terme.

Conclusion du Chapitre 19

Ce chapitre a mis en lumière l'importance de prendre en compte les spécificités sectorielles dans la gestion des temporalités. Les entreprises doivent adapter leur approche en fonction des contraintes et des opportunités propres à leur domaine d'activité. En comprenant ces nuances, elles peuvent mieux harmoniser leurs temporalités et optimiser leur performance globale.

La **Vision Miroir**, déjà introduite dans les chapitres précédents, se révèle ici un outil puissant pour assurer cette harmonisation dans des industries aux temporalités complexes. Qu'il s'agisse de la chimie, de la pharmaceutique, ou de l'aéronautique, la Vision Miroir permet de gérer la transition entre la recherche à long terme et la mise sur le marché, en tenant compte des différentes contraintes réglementaires et économiques.

Alors que nous avons exploré la manière dont les multinationales et les grandes industries gèrent leurs temporalités complexes, il est important de noter que les petites et moyennes entreprises (PME) doivent également gérer des temporalités interdisciplinaires, bien que leurs moyens et méthodes diffèrent. Le **chapitre 19** se concentrera sur ces spécificités, en analysant la façon dont les PME, avec des ressources limitées, parviennent à synchroniser leurs temporalités pour rester compétitives dans des environnements changeants.

20. TEMPORALITÉS CENTRALISÉES : LE CAS SPÉCIFIQUE DES PME

La temporalité interdisciplinaire dans les PME : une approche souvent centralisée

Contrairement aux multinationales comme Apple, qui disposent de vastes ressources pour gérer des horizons temporels à long terme (T+3), les PME doivent composer avec des moyens plus limités. Ces dernières sont confrontées au défi de jongler simultanément avec les impératifs de production à court terme (T0) et l'anticipation des tendances du marché, tout cela avec des ressources souvent restreintes. Alors que les grandes entreprises ont les moyens d'anticiper plusieurs années à l'avance grâce à la Vision Miroir, les PME doivent rester flexibles et réactives, ajustant rapidement leurs priorités en fonction des évolutions du marché.

Dans mes analyses, j'ai fréquemment observé que la gestion des temporalités dans les PME prend souvent une forme plus centralisée, où le chef d'entreprise joue un rôle clé. La structure plus agile et les effectifs réduits de ces entreprises favorisent une plus grande proximité entre les différents acteurs, avec une implication directe du dirigeant dans les décisions stratégiques.

Le chef d'entreprise, en tant que visionnaire et coordinateur, se trouve ainsi à la croisée des différentes temporalités. Il doit naviguer entre les urgences quotidiennes (T0), les projets à moyen terme (T-1 et T+1), tout en maintenant une vision à long terme pour l'avenir de l'entreprise (T-3 et T+3).

Intégration de la Vision Miroir pour les PME :

Dans ce contexte, la Vision Miroir, bien qu'inspirée par les pratiques des grandes entreprises, se révèle tout aussi efficace pour les PME. En effet, cette approche offre aux petites structures la possibilité de mieux **visualiser** leurs priorités à court, moyen et long terme et d'**harmoniser** leurs actions en fonction de ces temporalités. Le dirigeant de PME, en tant que principal acteur de la stratégie, peut utiliser la Vision Miroir pour organiser des moments réguliers de réflexion, afin de se recentrer sur les objectifs globaux de l'entreprise, même dans un environnement où les ressources sont limitées.

La schizophrénie du chef d'entreprise : jongler avec les horloges temporelles

Imaginez une journée type d'un dirigeant de PME :

- **9h00** : Répondre à un client mécontent (T0)
- **9h30** : Négocier avec un fournisseur pour un nouveau contrat (T-1)
- **10h00** : Brainstormer sur une nouvelle stratégie de développement (T+3)
- **11h00** : Gérer un problème de production urgent (T-1)
- **14h00** : Rencontrer un candidat pour un poste clé (T+1)
- **15h00** : Analyser les résultats financiers du dernier trimestre (T0)
- **16h00** : Préparer une présentation pour un salon professionnel (T+2)

Ce jonglage permanent entre les différentes temporalités s'avère parfois épuisant et source de stress pour le chef d'entreprise. Il entraîne par exemple :

- **Difficultés de concentration** : Passer constamment d'une tâche à l'autre peut nuire à la concentration et à la productivité.
- **Sentiment de frustration** : Ne pas pouvoir se consacrer pleinement à une tâche peut générer de la frustration et un sentiment d'inachevé.
- **Prise de décision impulsive** : La pression du temps et la multitude de sollicitations peuvent conduire à des décisions hâtives et non réfléchies.

- **Risque de burn-out :** La surcharge mentale et émotionnelle peut entraîner un épuisement professionnel.

Utilisation de la Vision Miroir pour réduire la surcharge :

La Vision Miroir jouerait ici un rôle de boussole stratégique, permettant au chef d'entreprise de prendre du recul sur son emploi du temps et de prioriser les tâches en fonction de leur temporalité. En fixant des moments réguliers pour examiner l'alignement entre les actions immédiates (T0) et les objectifs à long terme (T+3), le dirigeant structure plus efficacement sa journée et évite de se perdre dans le chaos quotidien.

Remèdes et solutions pour une meilleure gestion des Temporalités

- **Délégation :** Apprendre à déléguer les tâches aux collaborateurs compétents pour se concentrer sur les missions essentielles et stratégiques.

- **Planification :** Utiliser des outils de planification et de gestion du temps pour organiser sa journée et ses priorités.

- **Communication :** Mettre en place des canaux de communication clairs et efficaces avec les collaborateurs pour éviter les malentendus et les pertes de temps.

- **Moments de concentration :** Se réserver des plages horaires dédiées à des tâches spécifiques, sans interruption.

- **Rituels et routines :** Instaurer des routines quotidiennes et hebdomadaires pour structurer son temps et gagner en efficacité.

- **Equilibre vie pro/vie perso :** Préserver du temps pour soi et ses proches afin de se ressourcer et d'éviter le burnout.

Ces remèdes peuvent être grandement renforcés par l'utilisation de la Vision Miroir. En intégrant cette approche dans la planification stratégique des PME, le dirigeant identifie plus clairement les **axes prioritaires** à court terme (T0) tout en s'assurant que ses actions sont alignées avec une **vision**

plus large (T+3). Cette pratique régulière aide à mieux déléguer, à mieux communiquer et surtout à prendre des décisions plus éclairées.

L'espace de travail comme allié de la temporalité : une solution agile pour les dirigeants de PME

L'utilisation de lieux de travail différents, réels ou virtuels, en fonction de la temporalité abordée constitue une solution agile et efficace pour aider le chef d'entreprise à mieux gérer son temps et ses priorités.

Le concept de "temporalités ancrées" aide le chef d'entreprise à se concentrer sur la tâche en cours et à éviter la dispersion mentale. En associant un lieu spécifique à chaque temporalité, il crée un environnement propice à la concentration et à la productivité.

Exemples concrets :

- **T0 (Gestion quotidienne) :**
  - **Lieu réel :** Le bureau principal, avec un espace de travail ergonomique et fonctionnel, proche des collaborateurs et des outils de communication.
  - **Lieu virtuel :** Un espace de travail numérique dédié aux tâches opérationnelles, avec des outils de gestion de projet, de communication instantanée et de suivi des performances.

- **T-1 (Production/Opérations) :**
  - **Lieu réel :** Un atelier, une usine, un laboratoire, ou tout autre lieu où se déroule la production ou les opérations. Privilégier un espace permettant une immersion dans le processus et une interaction directe avec les équipes.
  - **Lieu virtuel :** Un espace de travail numérique dédié au suivi de la production, avec des tableaux de bord, des outils de gestion des stocks et des systèmes de reporting en temps réel.

- **T+1 (Formation/Développement) :**
    - **Lieu réel :** Une salle de formation, une bibliothèque, un espace de coworking propice à l'apprentissage et à l'échange.
    - **Lieu virtuel :** Une plateforme d'apprentissage en ligne, des webinaires, des forums de discussion permettant d'accéder à des formations et des ressources de développement personnel et professionnel.

- **T-3 (Recherche & Développement) :**
    - **Lieu réel :** Un laboratoire de recherche, un espace de créativité, un lieu isolé et calme favorisant la réflexion et l'innovation.
    - **Lieu virtuel :** Un espace de travail numérique dédié à la recherche et à l'innovation, avec des outils de veille technologique, de brainstorming et de prototypage virtuel.

- **T+3 (Stratégie) :**
    - **Lieu réel :** Un bureau isolé avec une vue dégagée, une salle de réunion inspirante, un lieu propice à la réflexion stratégique et à la prise de recul.
    - **Lieu virtuel :** Un espace de travail numérique dédié à la planification stratégique, avec des outils d'analyse de données, de simulation et de prospective.

Avantages de cette approche :

- **Concentration accrue :** En changeant de lieu de travail, le chef d'entreprise signale à son cerveau qu'il change de contexte et de temporalité, ce qui favorise la concentration.

- **Meilleure organisation :** L'association d'un lieu à une temporalité permet de mieux structurer son temps et ses priorités.

- **Réduction du stress :** En quittant le lieu associé aux urgences du quotidien (T0), le dirigeant se déconnecte mentalement et se consacre plus sereinement aux autres temporalités.

- **Stimulation de la créativité :** Le changement d'environnement stimule la créativité et favorise l'émergence de nouvelles idées.

Ces espaces de travail, qu'ils soient réels ou virtuels, sont également des lieux propices à l'application de la Vision Miroir. En associant des moments et des lieux spécifiques à chaque temporalité, le dirigeant visualise davantage ses priorités et s'assure que chaque temporalité est gérée de manière cohérente. Ce cadre permet de faire le point régulièrement sur l'avancement des projets et de réajuster les objectifs en fonction des nouvelles réalités du marché.

Conseils pour mettre en place cette solution :

- **Identifier les temporalités clés :** Déterminer les temporalités les plus essentielles pour l'activité de l'entreprise.

- **Choisir des lieux adaptés :** Sélectionner des lieux de travail (réels ou virtuels) adaptés aux besoins de chaque temporalité.

- **Communiquer clairement :** Informer les collaborateurs des lieux associés à chaque temporalité pour faciliter la communication et la collaboration.

- **Adapter l'approche :** Adapter la solution en fonction des besoins et des préférences du chef d'entreprise.

Le groupe de sublimation dans une PME : lever la tête du guidon grâce aux experts externes

Dans les grandes entreprises, un **groupe de sublimation** peut être constitué à partir de ressources internes en raison de la disponibilité de personnel qualifié et spécialisé. Toutefois, dans les **PME**, où les ressources humaines et financières sont souvent limitées, il est difficile pour le dirigeant d'avoir une vision suffisamment claire et stratégique pour prendre du recul sur la gestion quotidienne. Ainsi, créer un **groupe de sublimation** avec des experts externes offre un avantage majeur.

Un **groupe de sublimation**, comme défini dans le cadre de la gestion des temporalités, est un collectif réunissant des personnes issues de différents départements ou spécialités pour traiter des problèmes complexes et innover en harmonisant les différentes temporalités (court, moyen et long terme).

Dans une PME, ce concept peut être adapté en intégrant des consultants, des administrateurs indépendants ou des experts externes qui jouent un rôle similaire à celui des membres internes d'une grande entreprise.

1. Apport des consultants et experts externes

Pour pallier les lacunes internes, les **consultants** et **experts externes** jouent un rôle essentiel dans ce groupe. Leur mission consiste à apporter un regard neuf et des compétences spécifiques sur des domaines tels que :

- **Stratégie à long terme (T+3)** : Ils aident à identifier des opportunités de croissance et à anticiper les tendances du marché, permettant à l'entreprise de se projeter vers l'avenir.

- **Gestion des risques et conformité (T-2)** : En collaboration avec des experts juridiques et réglementaires, ils veillent à ce que l'entreprise respecte les normes en vigueur, particulièrement dans des secteurs hautement régulés.

- **Technologies et innovation (T-3)** : Des consultants en transformation numérique et technologique peuvent introduire des solutions innovantes, accélérant la modernisation des processus de l'entreprise.

Ces **consultants** et **experts** peuvent être appelés pour des missions ponctuelles ou de longue durée, en fonction des besoins spécifiques de l'entreprise. Leur perspective extérieure, souvent plus objective, permet de voir des solutions nouvelles, qui peuvent échapper à ceux qui sont trop impliqués dans les opérations quotidiennes.

2. Administrateurs indépendants et membres accompagnateurs

Outre les consultants, avoir recours à des **administrateurs indépendants** dans le Conseil d'Administration d'une PME s'avère souvent une stratégie gagnante. Ces administrateurs, ayant souvent une vaste expérience dans différents secteurs, apportent un point de vue stratégique. Ils remettent en question les décisions, ce qui aide à rééquilibrer les priorités entre les actions immédiates (T0) et la vision à long terme (T+3).

De même, les **membres accompagnateurs**, qui sont parfois des entrepreneurs expérimentés ou des mentors, jouent un rôle clé en tant que conseillers de confiance. Ils permettent au chef d'entreprise de prendre du recul, de réfléchir à la vision globale de l'entreprise et d'intégrer une dimension stratégique dans ses prises de décision.

3. Bénéfices pour la PME et son dirigeant

La mise en place d'un **groupe de sublimation** externe offre de nombreux avantages :

- **Prise de recul et anticipation** : Les experts externes permettent au chef d'entreprise de sortir des urgences quotidiennes pour aborder les problématiques à plus long terme.

- **Décisions éclairées** : Grâce à leur expertise et à leur objectivité, les consultants et administrateurs aident le dirigeant à prendre des décisions plus stratégiques et alignées avec les tendances du marché.

- **Prévention des risques** : Les experts en conformité et en gestion des risques permettent d'anticiper les problèmes réglementaires et juridiques, assurant ainsi la pérennité de l'entreprise.

- **Innovation et flexibilité** : Le groupe de sublimation favorise l'introduction de nouvelles pratiques et idées au sein de la PME, stimulant l'innovation et améliorant les processus internes.

4. Exemple d'application dans une PME industrielle

Prenons l'exemple d'une **PME industrielle** souhaitant intégrer la **numérisation** dans ses processus de production, mais dont le dirigeant n'a pas les compétences techniques nécessaires. Un **groupe de sublimation** pourrait être formé avec un **consultant en innovation numérique** et un **administrateur indépendant** avec une expertise dans la transformation digitale. L'entreprise serait alors en mesure de structurer sa transformation technologique tout en synchronisant les différents horizons temporels (T0 pour les opérations courantes, T+3 pour la stratégie long terme)

5. Réflexion stratégique continue et adaptabilité

Un des principaux apports du groupe de sublimation dans une PME est la capacité à assurer une **réflexion stratégique continue**. Le recours à des intervenants externes favorise une approche itérative, où la stratégie est constamment réévaluée et ajustée selon les **évolutions du marché** et les contraintes internes de l'entreprise. Contrairement à des décisions purement internes, souvent biaisées par l'urgence opérationnelle (T0), les consultants et experts externes apportent une vision de long terme, en gardant à l'esprit les opportunités futures (T+3).

De plus, cette approche permet au dirigeant d'adopter une posture plus **adaptative** face aux changements rapides de son environnement, qu'il s'agisse de nouvelles **technologies disruptives**, de changements **réglementaires** ou de **tendances de consommation** émergentes. Le groupe de sublimation aide à créer des plans d'action plus **agiles**, en offrant un cadre structuré mais flexible pour s'ajuster au fil du temps.

Conclusion du Chapitre 20

Le recours à un **groupe de sublimation** externe dans une PME, composé de **consultants**, d'**administrateurs indépendants** ou de **membres accompagnateurs**, représente une **stratégie puissante** pour aider le chef d'entreprise à sortir du cadre de la gestion quotidienne et à prendre du recul pour aborder les défis à long terme. Ce groupe, en alignant les temporalités et en assurant une prise de décision plus réfléchie, renforce la capacité d'adaptation et d'innovation de l'entreprise. Il permet aussi d'anticiper les risques tout en créant un cadre de réflexion stratégique continue qui synchronise les actions immédiates avec une vision à long terme.

Ainsi, que ce soit pour une multinationale ou une PME, la **Vision Miroir** et le **groupe de sublimation** se révèlent être des outils essentiels pour harmoniser les stratégies court et long terme, tout en maximisant l'agilité nécessaire pour répondre aux besoins futurs et aux évolutions du marché.

21. LES PERSPECTIVES FUTURES DES TEMPORALITÉS ET DES TECHNOLOGIES AVANCÉES

À mesure que les technologies progressent à un rythme fulgurant, la gestion des temporalités dans les entreprises sera inévitablement transformée. L'intelligence artificielle générative, l'automatisation croissante des processus, ainsi que les innovations en matière de communication et de collaboration redéfiniront les dynamiques internes et externes des organisations. Dans un futur proche, la gestion des temporalités ne concernera peut-être plus seulement l'harmonisation entre les équipes, mais aussi l'interaction fluide entre les systèmes automatisés et humains.

Ce chapitre explore les tendances émergentes susceptibles de bouleverser rapidement la gestion des temporalités dans les entreprises. Nous analyserons l'impact de l'intelligence artificielle (IA) générative, de l'automatisation, de l'IA prédictive, et de la collaboration augmentée, afin d'imaginer comment la gestion des temporalités pourrait évoluer dans les décennies à venir.

1. L'intelligence artificielle générative et l'automatisation des Temporalités

L'intelligence artificielle générative, dont les avancées sont remarquables, jouera un rôle clé dans l'automatisation des processus décisionnels et temporels. Ces systèmes seront capables d'analyser des données en temps réel, de générer des scénarios futurs et de proposer des ajustements automatiques aux planifications des équipes.

L'IA générative pour la prise de décision autonome : ces systèmes pourraient non seulement analyser les besoins actuels et futurs d'une entreprise, mais aussi élaborer des stratégies de manière autonome. Par exemple, une IA pourrait équilibrer les priorités entre les temporalités T-3 (R&D) et T+2 (commerciale) en fonction des tendances du marché ou des évolutions technologiques, sans intervention humaine.

Automatisation des flux temporels : Les plateformes d'IA automatiseront de plus en plus la répartition des tâches, en tenant compte des compétences, des priorités du moment et des contraintes de ressources. Ces systèmes proactifs anticiperont les obstacles et réalloueront les ressources pour optimiser la productivité.

Exemple prospectif : Une entreprise de fabrication pourrait utiliser une IA générative pour ajuster en temps réel les séquences d'alimentation de ses lignes de production en fonction des prévisions de demande. Si les ventes d'un produit augmentent, l'IA pourrait reprogrammer les ressources de manière proactive, synchronisant ainsi les équipes techniques et commerciales sans intervention manuelle.

2. L'IA prédictive et la gestion anticipée des Temporalités

L'intelligence artificielle prédictive jouera un rôle central dans la gestion des temporalités. En s'appuyant sur des données historiques et le Big Data, l'IA anticipera les besoins futurs des clients, prévoira les tendances du marché et ajustera les ressources en conséquence.

Cette gestion anticipée des temporalités est déjà effective dans certains secteurs. Par exemple, les systèmes de gestion de la maintenance assistée par ordinateur (GMAO) utilisent l'Internet des objets (IoT) pour prévoir les interventions à réaliser et modéliser la temporalité des services de maintenance et d'après-vente.

Prenons l'exemple d'I-Care, une société spécialisée dans la maintenance prédictive. Grâce à des solutions basées sur l'IA, elle participe à l'anticipation des défaillances industrielles et permet ainsi de modifier la temporalité en compressant les cycles de maintenance.

Même dans des secteurs où le savoir-faire manuel reste dominant, comme le bâtiment, l'IA prédictive et les technologies numériques transforment la gestion des temporalités. Le Building Information Modeling (BIM) permet une modélisation précise des projets, facilitant la collaboration et la planification.

Parallèlement, l'automatisation croissante, avec des robots capables de poser des blocs à grande vitesse ou l'utilisation de béton en flux continu, fonctionnant comme des imprimantes 3D pour « sculpter » des bâtiments, révolutionnera les méthodes de construction. Cette révolution comprimera les temporalités, de la conception par l'architecte (T-3) à la phase de vente et de livraison des projets finis, en passant par tout le cycle de construction.

L'impact de l'IA ne se limitera pas aux opérations techniques. Il influencera également les services administratifs et RH, en modifiant le flux du travail de telle façon que nous assisterons certainement à des changements de paradigme. Cela sera très probablement le cas de la paie et, plus globalement, de la législation sociale. L'émergence de nouvelles formes de travail remettra en question les cadres traditionnels, incitant à repenser les normes de rémunération et le droit du travail.

Cette transformation, marquée par une compression des temporalités, soulèvera des défis inédits, avec certainement un impact temporel sur les décisions du législateur.

En conclusion, l'IA, par son analyse prédictive, ouvre la voie à une transformation inéluctable de la gestion des temporalités. L'anticipation des tendances à long terme et l'ajustement automatique des priorités vont bousculer les rythmes et les modes de fonctionnement traditionnels. Les entreprises devront s'adapter à cette nouvelle donne et apprendre à maîtriser cette temporalité accélérée, sous peine de se voir dépassées.

Exemple prospectif : Dans une entreprise e-commerce, une IA prédictive anticiperait les pics de demande de certains produits lors de publications d'influenceurs sur les réseaux, ajustant automatiquement les stocks, la production et la force de vente pour maximiser les profits. Les équipes techniques (T-1) seraient informées à l'avance pour ajuster les plannings de production en conséquence.

3. La collaboration augmentée et l'interconnexion des temporalités

Les outils de collaboration augmentée, boostés par la réalité virtuelle et les systèmes de communication avancés, transformeront la manière dont les équipes collaborent, peu importe leur localisation ou leur temporalité.

- **Réalité virtuelle et holographique pour une collaboration en temps réel** : La collaboration virtuelle augmentée permettra aux équipes de travailler ensemble dans des environnements immersifs, quel que soit leur emplacement physique. Elle facilitera la synchronisation des temporalités, en particulier pour les équipes dispersées géographiquement ou travaillant sur des projets à long terme (T-3) et à court terme (T0).

- **Interconnexion instantanée des Temporalités** : Les outils de collaboration offriront une interconnexion instantanée des équipes de différentes temporalités, permettant des ajustements en temps réel. Les plateformes de travail augmentées fourniront aux équipes un aperçu constant des priorités des autres temporalités, créant une communication fluide et transparente.

Exemple prospectif : Dans une entreprise de construction, les équipes de conception (T-3) collaboreraient en temps réel avec les équipes de terrain (T-1) via des hologrammes. Les changements apportés à un projet de conception seraient instantanément visualisés et mis en œuvre par les équipes opérationnelles, permettant des ajustements rapides et une collaboration sans friction.

4. L'émergence des Temporalités flexibles et adaptatives

À l'avenir, les temporalités ne seront plus rigides. Les entreprises adopteront des temporalités flexibles, capables de s'adapter aux changements de marché, aux évolutions technologiques et aux besoins internes. Cette flexibilité sera facilitée par les outils d'IA et les systèmes d'automatisation.

- **Temporalités dynamiques** : Les entreprises configureront des temporalités dynamiques en fonction des besoins changeants de l'entreprise. Par exemple, une temporalité T-1 sera ajustée pour devenir T+2 si les priorités commerciales deviennent plus pressantes que les besoins techniques.

- **Temporalités en réponse rapide aux imprévus** : Avec l'automatisation des processus décisionnels et de répartition des ressources, les équipes réagiront rapidement aux imprévus, ajustant leurs priorités en temps réel pour minimiser les interruptions et maximiser l'efficacité.

Exemple prospectif : Dans une entreprise technologique, un imprévu dans la production d'un composant déclencherait instantanément une réallocation des priorités pour éviter des retards. Les équipes T-1 ajusteraient leur production en réponse à une nouvelle exigence commerciale, tandis que les équipes T+3 réviseraient leurs stratégies de vente en conséquence.

5. Automatisation et optimisation de la Vision Miroir par l'IA

L'intégration de l'intelligence artificielle dans le processus de **Vision Miroir** offre une opportunité unique d'automatiser et d'optimiser la gestion des temporalités.

Grâce à des outils d'apprentissage automatique et d'analyse prédictive, l'IA générerait des **rapports analytiques en temps réel** sur l'état des temporalités dans une entreprise, en collectant et en analysant continuellement des données provenant des outils de gestion de projets, CRM et ERP. Cette automatisation permettrait non seulement d'identifier rapidement les écarts entre les objectifs prévus et les résultats obtenus, mais aussi de **proposer des ajustements dynamiques** sur les ressources ou la planification en fonction des priorités temporelles (T-3 à T+3). L'IA anticiperait également les conflits potentiels entre équipes en envoyant des **alertes prédictives**, garantissant ainsi une harmonisation optimale des flux de travail. Enfin, l'IA optimiserait la **synchronisation inter-équipes**, en facilitant la réallocation de ressources et en améliorant l'alignement des priorités entre les temporalités à court terme (T0) et à long terme (T+3). En résumé, l'IA transformerait la Vision Miroir en un outil d'**amélioration continue**, renforçant la réactivité de l'entreprise face aux fluctuations internes et externes.

6. Automatisation et collaboration augmentée dans les groupes de sublimation

L'intelligence artificielle jouerait un rôle central dans l'optimisation des **groupes de sublimation**, en facilitant la **constitution de groupes plus efficaces** et en augmentant leur capacité à collaborer de manière fluide à travers différentes temporalités. L'IA automatiserait la sélection des membres des groupes de sublimation en fonction de leurs compétences spécifiques, de leur expérience, mais aussi de leurs performances dans des temporalités similaires (T-3 à T+3). Les équipes seraient alors parfaitement adaptées aux projets, chaque membre contribuant de manière optimale en fonction de ses atouts.

En outre, l'IA serait capable d'**identifier des synergies intertemporelles** en analysant les flux de travail, les priorités et les compétences des différentes équipes. Par exemple, l'IA proposerait de réunir des membres des équipes R&D (T-3) avec ceux des équipes commerciales (T+2) pour qu'ils collaborent sur un projet de lancement de produit innovant, en anticipant les tendances du marché tout en restant ancrés dans les avancées technologiques.

Grâce à cette collaboration augmentée, les groupes de sublimation deviendraient plus agiles, capables d'intégrer des ajustements en temps réel selon les besoins du projet, et d'assurer une communication fluide entre des temporalités souvent perçues comme opposées.

L'automatisation des tâches organisationnelles par l'IA libérerait également du temps pour les membres des groupes de sublimation, en optimisant la gestion des agendas, des ressources, et des flux d'informations. Cela améliorerait non seulement l'efficacité des groupes, mais aussi leur capacité à se concentrer sur des tâches à forte valeur ajoutée. **La collaboration augmentée** favoriserait l'innovation, tout en garantissant une meilleure synchronisation entre les équipes qui opèrent sur des horizons temporels différents.

7. Risques de l'automatisation des Temporalités : préserver le contrôle humain

Si l'intégration de l'intelligence artificielle dans la gestion des temporalités peut considérablement améliorer l'efficacité, elle comporte également des **risques importants**, notamment celui de la **perte de contrôle humain** sur des décisions critiques. Une automatisation excessive conduirait à une **déshumanisation** des processus décisionnels, réduisant la place de l'intuition humaine, pourtant essentielle pour résoudre des situations complexes ou imprévues. L'IA, bien que puissante, ne prend pas toujours en compte les aspects émotionnels, éthiques ou contextuels qui influencent les décisions humaines.

De plus, les **biais algorithmiques** représentent un autre risque majeur. Les algorithmes d'IA, s'ils ne sont pas supervisés correctement, peuvent amplifier des biais présents dans les données utilisées pour leur apprentissage. Cela pourrait conduire à des décisions déséquilibrées ou discriminatoires, affectant la gestion des ressources, la répartition des priorités ou encore l'allocation des compétences entre temporalités. Il est donc crucial d'assurer une **surveillance humaine constante** des décisions générées par l'IA, notamment dans les processus aux conséquences cruciales.

Pour éviter ces dérives, il est nécessaire de mettre en place des **mécanismes de contrôle humains** à chaque étape critique du processus décisionnel. Cette supervision inclurait des **vérifications régulières** des recommandations de l'IA par des experts humains, ou encore la mise en place de **limites d'automatisation** dans certains domaines, afin que l'intelligence artificielle reste un **outil d'assistance** plutôt qu'un décideur autonome. En parallèle, une **transparence des algorithmes** et des **audits réguliers** des systèmes d'IA aiderait à identifier et à corriger les biais algorithmiques, garantissant ainsi une utilisation éthique et équilibrée de ces technologies.

En somme, l'automatisation des temporalités apporte de nombreux avantages, mais il est essentiel de conserver une supervision humaine pour éviter que la technologie ne prenne le dessus sur la dimension humaine des décisions. L'IA représenterait alors un complément efficace à l'intelligence humaine, sans pour autant la remplacer.

8. Biais algorithmiques et implications éthiques de l'automatisation des Temporalités

L'automatisation des temporalités par l'IA apporte des bénéfices indéniables en termes d'efficacité et de réactivité, mais elle expose également les entreprises à des **biais algorithmiques** qui, sans surveillance, peuvent conduire à des décisions déséquilibrées. Ces biais proviennent souvent des **données utilisées pour entraîner les algorithmes**, lesquelles peuvent être marquées par des inégalités historiques, des stéréotypes, ou des décisions humaines passées. Si ces biais ne sont pas identifiés et corrigés, l'IA risque d'exacerber les **inégalités** dans la gestion des temporalités, en privilégiant certaines équipes ou départements au détriment d'autres. Par exemple, un biais pourrait conduire à une allocation disproportionnée des ressources à des projets de court terme (T0, T+1) au détriment des efforts de recherche et développement (T-3), compromettant ainsi l'innovation à long terme.

Il est essentiel de mettre en place des **mécanismes de correction** pour identifier ces biais et garantir que l'automatisation n'aggrave pas les déséquilibres dans la répartition des ressources. Cela passe par des **audits réguliers des algorithmes**, un **contrôle humain rigoureux**, et la mise en place de **limites éthiques** claires sur l'utilisation des décisions automatisées.

En outre, l'**automatisation à grande échelle** pose des questions éthiques plus larges qui doivent être examinées en lien avec l'impact sur l'emploi et l'organisation du travail. Si l'automatisation des processus temporels permet une plus grande agilité et productivité, elle pourrait également entraîner une **réduction de l'implication humaine** dans certaines décisions critiques, voire la **suppression de certains rôles** dans l'entreprise. Cette évolution soulève des questions législatives et éthiques sur l'avenir du travail : comment garantir que l'IA complète l'effort humain sans le remplacer totalement ? Comment éviter une déshumanisation progressive des processus organisationnels ?

Les gouvernements et les entreprises devront également prendre en compte l'impact sur les **normes du travail** et les **réglementations sociales**. L'accélération des temporalités due à l'automatisation nécessiterait de repenser les **cadres législatifs** régissant la gestion des horaires, des contrats de travail et des conditions de travail. Des ajustements devront être apportés pour garantir que les avancées technologiques ne créent pas un **déséquilibre social** en favorisant certains travailleurs ou secteurs au détriment des autres.

En conclusion, l'IA offre d'immenses opportunités pour optimiser la gestion des temporalités, mais ces technologies doivent être utilisées avec une grande vigilance pour éviter les **dérives éthiques et sociales**. Les entreprises doivent instaurer des **garde-fous** pour surveiller les biais algorithmiques et réfléchir aux conséquences plus larges de l'automatisation sur le travail, tout en collaborant avec les législateurs pour créer des cadres éthiques et légaux appropriés.

9. L'IA au service des PME : optimisation des Temporalités avec des ressources limitées

L'introduction de l'intelligence artificielle dans la gestion des temporalités ne bénéficie pas seulement aux grandes entreprises disposant de ressources abondantes. Les **PME** peuvent également tirer parti de ces technologies pour transformer leur organisation, malgré des moyens plus restreints. Par exemple, une petite entreprise pourrait utiliser l'IA pour maximiser son efficacité, en particulier dans la prédiction de la demande saisonnière et l'ajustement des processus en temps réel.

Prenons le cas d'une PME opérant dans le secteur de la fabrication artisanale, avec une équipe limitée mais une demande fluctuante selon les saisons. En utilisant des outils d'IA prédictive, cette entreprise pourrait analyser les données de ventes passées et les tendances du marché pour anticiper les pics de demande. Par exemple, en observant les comportements d'achat lors des périodes de fêtes ou de promotions saisonnières, l'IA fournirait des prédictions précises sur les volumes de production nécessaires à différents moments de l'année. Grâce à cette prédiction de la demande, la PME planifierait ses stocks, mobiliserait ses équipes de production au bon moment, et éviterait les coûts de surproduction ou de sous-production.

En parallèle, l'IA pourrait aider à **ajuster les processus de production** en fonction de la demande en temps réel. En intégrant des données de ventes quotidiennes et des indicateurs de performance, l'entreprise serait capable d'optimiser l'usage de ses ressources humaines et matérielles. Par exemple, si la demande dépasse les prévisions, l'IA ajusterait automatiquement les **plannings de production** et redistribuerait les tâches aux employés, en évitant des temps d'arrêt inutiles ou des surcharges de travail. De plus, l'IA proposerait des **scénarios de réorganisation** des équipes en fonction des compétences disponibles, afin de maximiser la productivité avec le personnel en place.

L'un des principaux avantages de cette approche pour une PME réside dans la **réduction des coûts** et la **flexibilité accrue**. Au lieu de devoir embaucher des analystes ou des consultants, l'entreprise s'appuie sur l'IA pour obtenir des **insights rapides** et pertinents, ce qui lui permet de prendre des décisions stratégiques plus éclairées, tout en restant réactive face aux changements du marché. Enfin, l'IA offre aux PME une **agilité nouvelle**, afin de rivaliser avec des entreprises plus grandes en matière de gestion des temporalités, sans avoir besoin d'infrastructures lourdes ou coûteuses.

En conclusion, l'IA peut transformer la manière dont les PME gèrent leurs temporalités, en offrant des solutions adaptées à la prédiction, la planification et l'ajustement des ressources en temps réel. Elle devient une alliée essentielle pour les petites structures qui cherchent à améliorer leur efficacité tout en optimisant l'usage de leurs ressources limitées.

10. La gestion des Temporalités par l'IA autonome

À long terme, les entreprises pourraient déléguer la gestion des temporalités à des IA entièrement autonomes. Ces IA seraient capables de prendre des décisions complexes, d'ajuster les calendriers et de résoudre les conflits temporels sans intervention humaine.

- **Synchronisation continue des équipes** : Les IA autonomes veilleraient à une synchronisation continue des équipes, ajustant les priorités et les ressources de manière proactive en fonction des changements dans l'environnement externe ou interne. Elles s'assureraient de l'alignement de toutes les équipes sur les objectifs globaux.

- **Anticipation des conflits temporels** : En analysant en permanence les données des différentes temporalités, l'IA anticiperait les conflits avant qu'ils ne surviennent et ajusterait les stratégies en conséquence. Les retards seraient alors considérablement réduits et les processus plus fluides.

Exemple prospectif : Une IA autonome dans une grande entreprise de services gérerait l'ensemble des ressources humaines et matérielles. Si un employé clé d'une équipe T+2 devait s'absenter, l'IA réassignerait automatiquement les tâches à un autre collaborateur qualifié, informant toutes les temporalités concernées de l'ajustement.

Conclusion du Chapitre 21 : Les perspectives futures des Temporalités et des technologies avancées

L'évolution technologique, notamment avec l'intelligence artificielle (IA) et l'automatisation, est en passe de révolutionner la gestion des temporalités en entreprise.

L'IA promet une gestion plus efficace et réactive, capable de synchroniser les équipes, d'ajuster les priorités en temps réel et d'anticiper les besoins futurs.

Cependant, cette transition vers une gestion des temporalités augmentée par l'IA nécessite de relever des défis majeurs et de repenser la culture d'entreprise.

Un des enjeux principaux réside dans la recherche d'un équilibre délicat entre automatisation et supervision humaine.

Si l'IA peut automatiser de nombreuses tâches, la prise de décision stratégique et la gestion des situations imprévues nécessitent une intelligence humaine, une intuition et une compréhension du contexte que les machines ne peuvent pas encore égaler.

L'exemple de Kodak, présenté dans le chapitre 16, illustre parfaitement ce risque. Malgré une avance technologique certaine, Kodak n'a pas su anticiper les changements du marché et a manqué le virage du numérique, en partie à cause d'une confiance aveugle en ses propres prévisions et d'une mauvaise évaluation des attentes des consommateurs.

L'objectif n'est donc pas de remplacer l'humain par la machine, mais de créer une synergie entre les deux. L'IA doit être perçue comme un outil puissant au service de l'intelligence humaine, capable d'analyser des volumes massifs de données, d'identifier des tendances et de proposer des solutions, mais toujours sous la supervision et le contrôle d'experts humains.

Par ailleurs, le développement d'une culture d'entreprise adaptée à cette nouvelle ère est primordial. La transparence, l'esprit critique vis-à-vis des données et des algorithmes, ainsi que la formation des équipes à l'utilisation responsable de l'IA sont des éléments clés pour garantir une transition réussie. Les entreprises doivent encourager une communication ouverte sur les implications éthiques de l'automatisation des temporalités, notamment en ce qui concerne les biais algorithmiques et leur impact potentiel sur les décisions et la répartition des ressources.

En conclusion, l'avenir de la gestion des temporalités repose sur une collaboration étroite entre l'homme et la machine. En maintenant le juste équilibre entre automatisation et supervision humaine, en développant une culture d'entreprise responsable et en encourageant une réflexion éthique constante, les entreprises pourront exploiter pleinement le potentiel de l'IA pour atteindre une harmonie et une performance inédites.

22. LA TEMPORALITE EXTRASOCIETALE : L'ENTREPRISE ET SON ECOSYSTEME EN RESONNANCE

Introduction

Après avoir exploré la temporalité interdisciplinaire au sein de l'entreprise, nous élargissons notre perspective pour examiner comment cette temporalité s'étend au-delà des frontières internes de l'organisation. Comment s'intègre-t-elle aux dynamiques de l'écosystème dans lequel évolue l'entreprise elle-même ?

La temporalité interdisciplinaire repose sur des concepts clés comme la vision miroir, qui encourage le recul et l'ajustement des temporalités, et les groupes de sublimation, qui favorisent l'alignement autour d'objectifs communs.

Ces outils gèrent efficacement les dynamiques temporelles internes, mais comment prolonger cette harmonie temporelle au sein de l'écosystème plus large dans lequel évolue l'entreprise ?

Dans un monde économique de plus en plus complexe et interconnecté, l'entreprise doit s'inscrire dans une temporalité élargie – dite extrasociétale – en relation avec divers acteurs externes, notamment des centres de recherche, des pôles de compétitivité, des institutions publiques, des clients et des fournisseurs. Chaque acteur évolue selon ses propres cycles temporels, constituant ensemble l'écosystème de l'entreprise.

Pour répondre à cette question, nous introduisons ici le concept de convergence temporelle, qui relie les dynamiques temporelles internes de l'entreprise avec celles de son environnement. Ce concept positionne l'entreprise comme un acteur temporel à part entière, capable de s'aligner, de dialoguer et de se synchroniser avec les autres entités de son environnement. En facilitant l'harmonisation des temporalités internes et externes, la convergence temporelle constitue un cadre pour coordonner les évolutions synchronisées au sein de l'écosystème, essentiel pour relever les défis économiques, sociaux et environnementaux actuels.

Cette introduction nous conduit à une exploration approfondie de la convergence temporelle et de ses applications concrètes. Nous verrons comment ce concept permet aux entreprises de comprendre leur propre temporalité dans un contexte élargi et d'interagir de manière constructive et durable avec les autres acteurs de leur écosystème. Enfin, nous examinerons comment ce cadre soutient la conformité, notamment avec les exigences de la CSRD, tout en renforçant une compétitivité durable fondée sur des pratiques responsables.

Implication pour l'ESG et les piliers de compétitivité

- **Critères ESG**

    - **Environnemental (E)** : T+3 engage l'entreprise dans des collaborations pour innover durablement, tandis que T+2 permet de planifier des investissements écoresponsables.

    - **Social (S)** : Les temporalités de T0 à T+2 assurent la continuité des engagements sociaux, avec des actions immédiates (T0), des objectifs de bien-être (T+1) et des stratégies d'inclusion (T+2).

    - **Gouvernance (G)** : De T-3 à T+3, l'entreprise s'aligne sur les attentes de ses parties prenantes, utilisant l'évaluation du passé et la projection future pour instaurer une gouvernance responsable.

- **Piliers de compétitivité**

    - **Innovation** : T+2 et T+3 facilitent des partenariats de long terme pour promouvoir l'innovation durable.

    - **Transformation numérique** : T0 et T+1 permettent des ajustements technologiques rapides, tandis que T+2 et T+3 favorisent une intégration numérique stratégique.

    - **Économie circulaire** : De T-3 à T+3, l'entreprise planifie et intègre des modèles durables dans ses opérations.

Exemple d'application : EcoConstruct

Pour répondre aux exigences ESG et aux piliers de compétitivité, EcoConstruct utilise la Convergence Temporelle comme suit :

- **Innovation et R&D (T+2, T+3)** : EcoConstruct collabore avec des centres de recherche pour tester et intégrer des matériaux durables.

- **Formation et compétences (T-2, T+1)** : En identifiant les besoins en compétences, elle lance des programmes de formation pour intégrer les innovations.

- **Gouvernance éthique (T-3 à T+3)** : EcoConstruct s'inspire de ses pratiques historiques (T-3) pour renforcer sa gouvernance et planifie des révisions régulières pour répondre aux attentes sociétales.

Conclusion

La Convergence Temporelle permet à EcoConstruct de synchroniser ses actions avec les attentes de durabilité et de compétitivité actuelles. Grâce à cette structure temporelle, EcoConstruct évolue en continu, alignant ses décisions à court, moyen et long terme pour devenir un acteur adaptable et résilient dans un environnement en perpétuelle mutation.

L'entreprise comme acteur temporel dans un écosystème

La temporalité interdisciplinaire étend la portée de l'entreprise au-delà de ses dynamiques internes, la positionnant comme un acteur temporel au sein d'un écosystème plus vaste. Elle permet à l'entreprise de s'aligner sur les temporalités de ses partenaires et parties prenantes (centres de recherche, pôles de compétitivité, autres entreprises et institutions publiques) qui opèrent chacun avec leurs propres cycles temporels. Cet alignement favorise une synchronisation des actions pour relever les défis contemporains, notamment en matière de durabilité et de compétitivité.

Temporalité de l'entreprise et interactions externes

En tant qu'acteur temporel, l'entreprise doit naviguer entre plusieurs temporalités :

- **Activités internes** : répondre aux besoins immédiats (T0, T+1) tout en planifiant pour le long terme (T+2, T+3).

- **Partenaires externes** : intégrer les cycles temporels de ses partenaires pour des décisions stratégiques alignées.

- **Objectifs sociétaux et environnementaux** : adopter une perspective de long terme pour la durabilité (T+2, T+3) tout en répondant aux attentes immédiates des parties prenantes (T0).

Application de la temporalité interdisciplinaire dans l'écosystème économique

L'entreprise améliore son efficacité et sa capacité d'adaptation en alignant ses temporalités avec celles de ses partenaires. Voici comment EcoConstruct applique cette approche dans ses relations avec divers acteurs :

- **Partenariats avec des centres de recherche (T+2, T+3)**
  Les collaborations à long terme permettent à EcoConstruct d'innover avec des matériaux écologiques. Elle planifie leur intégration progressive (T+2) et se projette vers une adoption complète (T+3) pour répondre à ses objectifs ESG.

- **Pôles de compétitivité et clusters (T0, T+1, T+2)**
  En participant aux réunions de son pôle de compétitivité, EcoConstruct bénéficie de retours immédiats (T0), s'engage dans des projets inter-entreprises à court terme (T+1) et planifie des améliorations pour sa compétitivité (T+2), par exemple en adoptant des pratiques de fabrication écoresponsables.

- **Alliances avec d'autres entreprises (T-1 à T+1)**
  En synchronisant ses approvisionnements et sa production avec celles de ses partenaires, EcoConstruct améliore la fluidité logistique et minimise les ruptures. À T-1, elle ajuste ses

commandes d'après les besoins passés et à T+1, anticipe les futurs besoins pour assurer un flux stable.

- **Objectifs sociétaux et environnementaux (T+1, T+2, T+3)**
  En structurant ses engagements sociétaux, EcoConstruct peut réaliser un impact durable. Elle implémente des actions de bien-être pour ses employés (T+1), planifie une réduction de ses émissions de CO_2 (T+2) et établit des rapports de transparence pour informer ses parties prenantes (T+3).

Exemple illustré : EcoConstruct et son écosystème économique

EcoConstruct applique la temporalité interdisciplinaire pour structurer ses interactions dans son écosystème :

- **Innovation durable (T+2, T+3)** : Partenariat avec un centre de recherche pour développer et intégrer des matériaux écologiques dans ses chantiers.
- **Projets collaboratifs (T0, T+1)** : Participation aux initiatives de transformation numérique et de recyclage au sein du pôle de compétitivité.
- **Logistique synchronisée (T-1, T+1)** : Coordination des approvisionnements avec un fournisseur local pour éviter les ruptures de stock.
- **Engagements ESG (T+1, T+2, T+3)** : Mise en place de programmes de bien-être, de réduction d'émissions de carbone et de transparence.

Synthèse des résultats

En adoptant la temporalité interdisciplinaire, EcoConstruct devient un acteur proactif capable de s'adapter aux besoins de son écosystème. Elle renforce ainsi sa compétitivité, répond aux exigences ESG et contribue à un environnement économique résilient et collaboratif.

Le rôle des experts de l'écosystème entrepreneurial européen

Dans l'écosystème entrepreneurial européen, les experts en développement économique jouent un rôle essentiel en aidant les entreprises à relever les défis croissants de compétitivité et de durabilité. Ces experts, qu'ils soient issus des structures régionales, des pôles de compétitivité ou des structures d'aide à l'export, apportent aux entreprises locales un soutien précieux à travers des conseils stratégiques, financiers et techniques. Grâce à cette expertise, ils soutiennent l'innovation, l'intégration des normes ESG et optimisent les processus internes et externes des entreprises.

L'introduction de la théorie de la convergence temporelle enrichit encore leur portefeuille d'outils en leur offrant une nouvelle perspective : celle de la synchronisation des temporalités. Cette approche permet aux experts d'aller au-delà de l'accompagnement traditionnel, en favorisant un alignement dynamique entre les temporalités internes des entreprises et celles de leurs partenaires et de leur écosystème. En intégrant cette dimension temporelle, les experts peuvent ainsi mieux aider les entreprises à anticiper les évolutions du marché, harmoniser leurs actions à court et à long terme, et renforcer les collaborations inter-organisationnelles.

En apportant une profondeur stratégique supplémentaire, la convergence temporelle leur permet de soutenir les entreprises non seulement dans leurs objectifs immédiats, mais aussi dans leur quête de résilience et de compétitivité durable. En tant que facilitateurs de cet alignement temporel, les experts contribuent activement à un écosystème plus cohérent, adaptable et en phase avec les ambitions de durabilité de l'Europe.

Présentation du rôle des experts dans les écosystèmes régionaux européens

Les experts régionaux agissent comme de véritables catalyseurs de croissance en fournissant aux entreprises un accompagnement personnalisé et des conseils techniques, financiers et stratégiques dans un contexte économique complexe. Voici un aperçu de leur rôle dans divers pays européens :

- **En Wallonie** : par, exemple, Wallonie Entreprendre accompagne les entreprises à chaque étape de leur croissance, en offrant des compétences en finance, stratégie, innovation et durabilité. Les pôles de compétitivité accompagnent les entreprises dans leurs défis d'innovation et de durabilité. L'Awex favorise leur exportation au sein de l'UE et hors UE

- **En France** : Les pôles de compétitivité, comme Systematic Paris-Région, regroupent des experts qui soutiennent les entreprises dans l'innovation et les partenariats stratégiques, en impliquant les entreprises, centres de recherche et institutions publiques.

- **En Italie** : Invitalia soutient les entreprises dans leur développement, en particulier dans les régions du Sud, en offrant financement et conseils pour accroître leur compétitivité, avec un accent sur la revitalisation économique des zones moins développées.

À travers l'Europe, ces experts facilitent la collaboration entre entreprises et centres de recherche et offrent un accompagnement individualisé pour intégrer les meilleures pratiques. Leur expertise, enrichie au fil du temps, constitue un portefeuille d'outils adaptés aux objectifs de compétitivité et de durabilité européens.

Une nouvelle perspective : les experts comme facilitateurs de la Temporalité interdisciplinaire

La théorie de la temporalité interdisciplinaire offre aux experts un nouvel outil pour soutenir les entreprises dans l'alignement de leurs temporalités internes avec celles de leur écosystème. En adoptant cette approche, les experts peuvent faciliter la synchronisation temporelle, permettant aux entreprises de mieux répondre aux objectifs de durabilité et de compétitivité aux niveaux régional et européen. Ce renforcement de leur portefeuille d'outils leur permet de répondre de manière proactive aux ambitions européennes.

Voici comment les experts peuvent contribuer à cette synchronisation temporelle :

Facilitation des dynamiques micro (intrasociétales)

- **Vision Miroir et introspection** : En organisant des ateliers de réflexion, les experts peuvent aider les entreprises à évaluer leurs pratiques internes et aligner les équipes sur les objectifs de l'entreprise. Par exemple, en France, les pôles de compétitivité pourraient proposer des sessions pour optimiser les processus internes des entreprises.

- **Groupes de sublimation pour l'harmonisation interne** : En Belgique, Wallonie Entreprendre pourrait encourager la création de groupes interfonctionnels au sein des entreprises pour renforcer leur cohésion. Ces groupes favorisent la coordination des pratiques internes pour une efficacité accrue.

Facilitation des dynamiques macro (extrasociétales)

- **Synchronisation temporelle avec les partenaires externes** : Les experts régionaux peuvent aider les entreprises à s'intégrer plus facilement dans leur écosystème, en facilitant les collaborations avec des centres de recherche et d'autres entreprises. Invitalia, par exemple, pourrait promouvoir des partenariats de long terme pour co-développer des innovations durables.

- **Alignement sur les objectifs régionaux et européens** : En anticipant les évolutions réglementaires et économiques, les experts aident les entreprises à se préparer aux changements à long terme. Les pôles de compétitivité peuvent orienter les entreprises vers des projets de recherche qui les préparent aux défis futurs, en intégrant les pratiques de durabilité et d'innovation dans leur stratégie.

Rôle des pôles de compétitivité et défis de la convergence temporelle

Les pôles de compétitivité et centres de recherche soutiennent l'innovation, la compétitivité et le développement durable.

En tant qu'intermédiaires, ils facilitent les échanges entre acteurs privés, publics et académiques, permettant aux entreprises d'accéder à des ressources stratégiques, à des technologies de pointe et à des financements adaptés à chaque étape de leur croissance. Ces structures sont essentielles pour stimuler le transfert de connaissances, le développement de nouvelles compétences et l'adaptation aux standards ESG.

En mobilisant leurs compétences pour orchestrer des projets collaboratifs et des partenariats, les pôles et centres de recherche jouent un rôle de catalyseur de la convergence temporelle en favorisant la synchronisation entre les objectifs immédiats et les visions de long terme des entreprises. Cependant, des dysfonctionnements peuvent survenir dans cette convergence temporelle, généralement en raison de désalignements entre les temporalités spécifiques des différents acteurs.

Convergence temporelle en action : Le développement d'un logiciel avec Multios et le soutien du Pôle de compétitivité Logistics In Wallonia

Multios est une PME belge spécialisée dans le développement de solutions informatiques métier, dont l'innovation fait partie intégrante de son ADN. Le modèle de gestion de Multios repose sur la complémentarité de ses deux CEO, chacun dédié à des temporalités spécifiques : l'un se concentre sur les phases allant de T-3 à T-1, tandis que l'autre oriente ses actions de T0 à T+3. Cette organisation stratégique ancre la théorie de la convergence temporelle au cœur de l'entreprise, garantissant que chaque idée, dès son émergence, bénéficie d'une vision couvrant à la fois le développement anticipatif et la réalisation immédiate. Ainsi, lorsqu'une idée novatrice voit le jour chez Multios, née d'un besoin identifié dans l'industrie pour un logiciel intelligent, elle est immédiatement intégrée dans une dynamique structurée, favorisant une évolution fluide vers la commercialisation.

Temporalité T-3 : Maturation de l'idée et validation commerciale

Pendant plusieurs années, l'idée mûrit au sein de Multios. Dès cette phase initiale (T-3), un stratège commercial dédié participe aux discussions pour aligner l'idée avec les attentes futures du marché. Cette projection à T+3 permet d'évaluer chaque fonctionnalité envisagée en fonction de son potentiel commercial : « Comment cette fonctionnalité augmentera-t-elle la valeur du produit pour nos futurs clients ? » Cette phase garantit que l'avancée technique reste centrée sur la valeur ajoutée pour le marché cible. Par la validation de la lettre d'intention et de l'avant-projet, le pôle et les différents jurys valident ces 2 phases (T-3 et marché)

Transition vers T-2 : Structuration avec le soutien du pôle de compétitivité

L'opportunité de concrétiser cette idée se présente avec un appel à projets de *Logistics in Wallonia*, le pôle de compétitivité wallon dédié au secteur transport, logistique et production. Ce partenariat permet à Multios de structurer le projet en phase T-2. Le pôle soutient la rédaction du dossier, l'assemblage du consortium et la sélection de partenaires stratégiques – des centres de recherche aux consultants industriels. Ce soutien du pôle de compétitivité favorise la convergence temporelle entre l'idée initiale (T-3) et les perspectives de rentabilité à court terme (T+1). Le projet est ensuite validé par le Pôle, la Région Wallonne et jurys externes

Temporalité T-1 : Développement technique et préparation au lancement

Une fois le projet pensé et architecturé, Multios et son consortium entre dans la phase T-1, durant laquelle le développement technique du logiciel démarre. Avec une feuille de route bien définie, le stratège commercial veille à ce que chaque itération technique reste cohérente avec la vision T+3 et les attentes du marché. Cette approche garantit que le produit final répond aux besoins spécifiques du secteur dès le lancement, en intégrant les retours des tests sur prototypes.

Gestion des risques avec la Temporalité interdisciplinaire

Multios anticipe les défis potentiels en utilisant des éléments de la théorie de la Temporalité interdisciplinaire :

- **Vision Miroir** : Pour minimiser la déconnexion entre innovation et marché, Multios utilise des études de marché et des retours clients pour ajuster en continu les fonctionnalités.

- **Groupes de sublimation** : Des ateliers collaboratifs réunissent les équipes pour recentrer le développement sur les fonctionnalités essentielles, évitant les ajouts superflus.

- **Réunions de convergence temporelle** : En synchronisant les attentes des partenaires via des réunions régulières, Multios limite les divergences de priorités et assure que chaque acteur contribue au bon moment.

Conclusion : Une vision temporelle intégrée pour une commercialisation réussie

Chez Multios, l'intégration de la temporalité interdisciplinaire et du soutien du pôle de compétitivité permet de passer de T-3 (idée) à T+1 (commercialisation) en assurant que chaque phase est alignée avec les besoins futurs du marché. Ce cadre temporel rigoureux, combiné à la coopération stratégique avec *Logistics in Wallonia*, assure que le produit final est non seulement techniquement accompli, mais qu'il répond pleinement aux exigences commerciales et industrielles.

Conclusion : L'impact des pôles de compétitivité sur la convergence temporelle et la réussite d'innovations

Le cas de Multios illustre comment les pôles de compétitivité, à l'instar de *Logistics in Wallonia*, jouent un rôle stratégique en soutenant les entreprises dans leur parcours d'innovation et de convergence temporelle. Grâce à leur expertise et à leur réseau, ces pôles facilitent l'alignement des temporalités de différents acteurs, allant de la phase de maturation de l'idée (T-3) jusqu'au lancement sur le marché (T+1).

En accompagnant Multios dans le montage de son projet, la sélection de partenaires et l'organisation de collaborations efficaces, le pôle de compétitivité a permis une progression cohérente et orientée vers la commercialisation rapide et réussie de son logiciel. Ce soutien a non seulement amélioré la structure temporelle du projet, mais a également renforcé la compétitivité et la durabilité de Multios dans un secteur exigeant.

Ainsi, les pôles de compétitivité, les centres de recherche et les aides publiques se révèlent essentiels pour structurer la convergence temporelle dans l'écosystème entrepreneurial, aidant les entreprises à relever les défis économiques, sociaux et environnementaux de demain.

Défis et opportunités dans la convergence temporelle : une vision pour le futur

La convergence temporelle offre aux entreprises et à leurs partenaires une formidable opportunité d'harmonisation et de collaboration, contribuant à la compétitivité et à la durabilité des écosystèmes économiques. Cependant, pour maximiser ses avantages, elle exige une orchestration attentive et cohérente.

En effet, des défis peuvent apparaître lorsque les temporalités des différents acteurs – entreprises, centres de recherche, pôles de compétitivité, et institutions publiques – ne sont pas en parfaite synergie. Transformer ces défis en opportunités renforce l'adaptabilité, la résilience et la collaboration des acteurs, garantissant ainsi une convergence véritablement bénéfique pour tous.

Exemples de défis dans la convergence temporelle

1. **Alignement entre recherche et industrie**
   Les centres de recherche travaillent souvent sur des projets de longue haleine (T-3), concentrés sur la création de connaissances fondamentales, tandis que les entreprises industrielles visent une application rapide (T-1, T0) pour répondre aux besoins du marché.

Pour combler ce décalage, des synchronisations régulières permettent à l'industrie d'intégrer rapidement les découvertes.

2. **Rôle proactif des pôles de compétitivité**
Les pôles de compétitivité jouent un rôle vital en tant que catalyseurs de la transition temporelle, orchestrant le passage de l'innovation (T-3) vers le développement (T-2) et la mise en marché (T+1). Lorsqu'ils sont mobilisés de manière proactive, ils facilitent un transfert fluide des découvertes, assurant que le potentiel d'innovation bénéficie pleinement à l'industrie. Une coordination proactive entre entreprises et pôles peut prévenir tout décalage et libérer ainsi tout le potentiel des partenariats.

3. **Concordance entre financements publics et retombées sociétales**
Les financements publics, souvent orientés vers des objectifs de long terme de T-3 à T+3, nécessitent une convergence temporelle optimale pour offrir des retours sociétaux tangibles. En structurant ces financements avec des jalons intermédiaires, on permet aux projets de progresser de manière plus fluide vers des applications concrètes, maximisant l'impact sociétal et économique des ressources publiques.

4. **Harmonisation des Temporalités entre acteurs publics et privés**
Les entreprises privées, motivées par les cycles courts du marché, opèrent souvent à court terme (T0, T+1) alors que les acteurs publics adoptent une perspective plus long terme (T-3 à T+3), visant un impact durable. Cette différence peut être transformée en force grâce à des dialogues structurés et à des ateliers de convergence temporelle, permettant à chaque acteur d'anticiper et de répondre aux exigences de l'autre, sans compromettre ni la réactivité ni la durabilité.

5. **Suivi et valorisation des découvertes**
Lorsqu'un projet de recherche (T-3) arrive à son terme, il est crucial de garantir la continuité vers des applications pratiques. Les mécanismes de suivi et les programmes de transfert technologique favorisent ce passage, réduisant ainsi le risque que des

découvertes restent inexplorées et perdent leur potentiel innovant.

Vers une convergence temporelle efficace et proactive

Une convergence temporelle bien orchestrée transforme ces défis en leviers de progrès collectif. En adoptant des stratégies proactives, les pôles de compétitivité et les centres de recherche assurent un passage fluide des projets de recherche aux applications pratiques :

- **Renforcer le rôle des pôles de compétitivité** pour faciliter le passage des projets de T-3 à T-1. En encourageant une participation active et un rôle d'orchestrateur, les pôles renforcent l'impact des découvertes sur le terrain.

- **Encourager les centres de recherche à s'orienter vers des applications concrètes**, en développant des programmes de transfert technologique et des partenariats stratégiques avec l'industrie.

- **Coordonner les financements publics autour de jalons temporels**, garantissant que les projets progressent de manière fluide et productive vers des retombées économiques.

- **Faciliter une médiation temporelle entre acteurs publics et privés** pour anticiper les différences de rythme et les combler de manière proactive dès le lancement des projets.

Conclusion : Construire ensemble un écosystème résilient et innovant

Les défis liés à la convergence temporelle ne sont pas des obstacles insurmontables mais des occasions de renforcer notre approche collaborative pour un futur durable et prospère. En adoptant une vision partagée et en favorisant une meilleure synergie des temporalités, les acteurs des écosystèmes économiques européens se positionnent en leaders de l'innovation, de la résilience, et de l'impact sociétal. Ensemble, ils créent un monde où chaque projet, qu'il soit de recherche ou de développement, s'inscrit dans une trajectoire claire, alignée sur les besoins immédiats tout en construisant une vision collective et durable pour demain.

Conclusion du Chapitre 22 : Synthèse et perspectives de la Temporalité interdisciplinaire

Résumé des principaux apports de la Temporalité interdisciplinaire

La temporalité interdisciplinaire propose un cadre novateur qui permet aux entreprises de structurer leurs actions, non seulement en fonction de leurs objectifs immédiats, mais aussi en tenant compte des attentes à moyen et long terme de leur environnement interne et externe. Les concepts de **Vision Miroir** et de **groupes de sublimation** servent d'outils fondamentaux pour aligner les temporalités internes, tandis que la **convergence temporelle** s'impose comme un cadre de référence pour synchroniser les temporalités internes avec celles de l'écosystème économique dans lequel évolue l'entreprise.

Les **experts régionaux** jouent un rôle clé dans cette démarche. Que ce soit en Belgique, en France, en Italie, ou ailleurs en Europe, ces experts agissent comme des facilitateurs temporels, aidant les entreprises à naviguer dans la complexité des attentes économiques, sociales et environnementales (ESG). Ils permettent de renforcer les dynamiques intrasociétales en favorisant l'introspection et la cohésion interne, tout en développant des liens extrasociétaux grâce à la synchronisation avec des acteurs externes tels que les centres de recherche, les pôles de compétitivité, et les institutions publiques.

Perspectives et recherche future

La temporalité interdisciplinaire ouvre des perspectives de recherche passionnantes, en particulier pour comprendre comment les entreprises peuvent adapter leurs stratégies dans un monde en perpétuel changement. Voici quelques domaines prometteurs pour des applications futures et des recherches approfondies :

1. **Étude des temporalités dans des secteurs diversifiés**

    - La temporalité interdisciplinaire pourrait être étudiée plus en profondeur dans des domaines comme la santé, l'éducation, ou les services publics, où les interactions entre les acteurs internes et externes nécessitent une coordination temporelle avancée. Par exemple, dans le secteur de la santé, les temporalités des praticiens, des patients, et des entités de recherche pourraient être mieux alignées pour améliorer les traitements et les résultats médicaux.

2. **Application dans les chaînes d'approvisionnement internationales**

    - La convergence temporelle peut offrir un cadre pour améliorer l'efficacité des chaînes d'approvisionnement mondiales. En coordonnant les temporalités de production, de logistique et de distribution, les entreprises pourraient renforcer la résilience et la durabilité de leurs chaînes d'approvisionnement, particulièrement en cas de crise ou de perturbations globales.

3. **Temporalité et intelligence artificielle**

    - La recherche pourrait explorer comment les outils d'intelligence artificielle et de machine learning peuvent soutenir l'application de la temporalité interdisciplinaire. Par exemple, des algorithmes pourraient analyser les données temporelles et anticiper les besoins ou les risques futurs, en offrant aux entreprises des insights pour ajuster leurs temporalités et améliorer leur réactivité.

4. **Renforcement des pratiques de gouvernance dans un contexte ESG**

    - Le cadre de la temporalité interdisciplinaire pourrait être intégré dans des initiatives de gouvernance plus robustes pour aider les entreprises à répondre aux attentes en matière de durabilité, de diversité, et d'inclusion. Une recherche approfondie pourrait se concentrer sur la manière dont les entreprises peuvent utiliser les temporalités pour structurer leurs engagements ESG à long terme, tout en assurant une transparence et une responsabilité accrues.

5. **Expansion des concepts à l'échelle européenne**

    - Les interactions entre les experts régionaux et les entreprises pourraient servir de base à une standardisation des pratiques de temporalité interdisciplinaire au niveau européen. Des études comparatives entre les pays et des collaborations interrégionales pourraient renforcer la cohérence des pratiques de temporalité dans toute l'Europe, contribuant à une économie plus résiliente et intégrée.

La convergence temporelle : un nouveau cadre pour une innovation collaborative et durable

Élargir la vision de la temporalité interdisciplinaire pour inclure les centres de recherche et les pôles de compétitivité crée un cadre dans lequel l'innovation est non seulement encouragée, mais aussi structurée de manière collaborative et stratégique. Les pôles de compétitivité, regroupant entreprises, centres de recherche et institutions publiques, deviennent des facilitateurs essentiels de cette collaboration temporelle. En les positionnant en tant que "consultants temporels," ces structures acquièrent une nouvelle fonction : orchestrer la convergence des temporalités entre les acteurs de l'innovation. Cela permettrait à chaque entité — qu'il s'agisse d'une grande entreprise, d'une PME ou d'un centre de recherche — de mieux comprendre et intégrer sa place dans la chaîne de valeur temporelle.

Cette approche favorise également une culture de partage des connaissances et des ressources, mettant l'accent sur la création de valeur à long terme, au-delà des gains à court terme. En redonnant ainsi du sens à l'innovation, celle-ci n'est plus seulement une question de technologie, mais de synchronisation et collaboration temporelle. Cette vision pourrait véritablement révolutionner les dynamiques de collaboration entre entreprises et centres de recherche.

Structurer la Temporalité interdisciplinaire autour de concepts clés : Pour renforcer cette vision, plusieurs axes méritent d'être développés :

- **Identification des Temporalités spécifiques** : Comprendre les temporalités propres à chaque acteur (entreprise, centre de recherche, pôle de compétitivité) permet d'optimiser la synchronisation des efforts et de faciliter la collaboration.

- **Groupes de sublimation inter-organisationnels** : Réunissant régulièrement des représentants des divers acteurs, ces groupes favorisent une compréhension mutuelle des temporalités et encouragent des collaborations plus profondes, alignées sur le long terme.

- **Rôle des pôles de compétitivité en tant que consultants temporels** : En tant que médiateurs, ces pôles aident à aligner les temporalités et à stimuler la collaboration. Ils peuvent aussi offrir formations et ressources pour intégrer la temporalité dans la stratégie d'entreprise.

- **Innovation significative** : La temporalité interdisciplinaire propose une évaluation de l'innovation qui valorise son impact à long terme sur l'écosystème et la société.

- **Création d'un écosystème vertueux** : Une reconnaissance mutuelle des Temporalités et des contributions de chaque acteur permet de bâtir des relations équilibrées et durables, dans lesquelles chacun trouve sa place et agit en fonction d'une temporalité partagée et d'une vision commune.

Mesurer l'impact et développer les compétences pour une innovation durable : Créer des indicateurs de long terme, incluant des métriques de durabilité, de responsabilité sociale et de gouvernance, est essentiel pour donner un véritable sens à l'innovation. En parallèle, il est nécessaire de former les acteurs aux principes de la Temporalité interdisciplinaire pour que cet écosystème vertueux se développe. Cela inclut des ateliers et des programmes d'échange entre les différents acteurs.

Vers une flexibilité et une adaptabilité continue : Ce modèle, pour rester pertinent, doit pouvoir évoluer avec les technologies et les dynamiques du marché. Cela implique une réévaluation régulière des stratégies et collaborations pour rester ouverts à l'innovation et à l'expérimentation.

Conclusion : La Temporalité interdisciplinaire globale comme cadre pour l'innovation et la collaboration : En intégrant ces axes, la Temporalité interdisciplinaire devient un cadre élargi où chaque acteur de l'écosystème est un partenaire de la création de valeur. En favorisant une compréhension commune des temporalités, cette vision offre une voie pour un écosystème innovant, durable et aligné sur un avenir partagé.

Ce chapitre invite à reconsidérer l'innovation et la collaboration non comme des objectifs isolés mais comme des processus stratégiques intégrés. En adoptant cette perspective, les entreprises et centres de recherche peuvent véritablement repenser leur manière d'innover, en harmonie avec les besoins de la société et des impératifs environnementaux.

Conclusion du Chapitre : Synthèse et perspectives de la Temporalité interdisciplinaire

Synthèse des principaux apports de la Temporalité Interdisciplinaire

La temporalité interdisciplinaire offre un cadre innovant permettant aux entreprises d'organiser leurs actions en prenant en compte les exigences de leur environnement interne et de leur écosystème. En s'appuyant sur les concepts de Vision Miroir et de groupes de sublimation, les organisations alignent leurs temporalités internes tout en se synchronisant avec celles des acteurs externes via la convergence temporelle. Ce processus permet d'intégrer des perspectives court, moyen, et long terme, renforçant l'adaptabilité et la compétitivité des entreprises face aux défis de durabilité et de gouvernance (ESG).

Les experts, en Belgique, France, Italie, et dans d'autres régions européennes, jouent un rôle central en facilitant cette synchronisation temporelle. Ils permettent aux entreprises d'améliorer leurs dynamiques internes par l'introspection et la collaboration, et les accompagnent dans leurs relations externes, notamment avec les centres de recherche et les pôles de compétitivité. Ce soutien renforce leur capacité à évoluer dans un environnement économique de plus en plus complexe.

Perspectives et recherche future

La temporalité interdisciplinaire ouvre des pistes pour des recherches futures et des applications concrètes dans des domaines variés :

1. **Exploration dans divers secteurs économiques**

    - Les principes de Temporalité interdisciplinaire peuvent être appliqués à d'autres secteurs, tels que la santé, l'éducation, ou les services publics, dans lesquels la synchronisation des temporalités est essentielle pour améliorer les résultats et l'efficience des opérations.

2. **Amélioration des chaînes d'approvisionnement internationales**

    - En intégrant la convergence temporelle dans la gestion des chaînes d'approvisionnement, les entreprises peuvent renforcer leur résilience et leur efficacité en synchronisant production, logistique et distribution. Cette approche pourrait se révéler cruciale face aux crises et aux fluctuations mondiales.

3. **Utilisation de l'intelligence artificielle pour la gestion temporelle**

    - L'intelligence artificielle pourrait enrichir la gestion des temporalités en anticipant les besoins et les risques. Des algorithmes de machine learning pourraient identifier les décalages temporels et proposer des ajustements en temps réel, améliorant la réactivité et la résilience des entreprises.

4. **Renforcement de la gouvernance dans un contexte ESG**

    - La temporalité interdisciplinaire peut renforcer les pratiques de gouvernance. Elle pourrait guider les entreprises dans la structuration de leurs engagements ESG, en assurant une meilleure transparence, responsabilité et anticipation des attentes sociétales à long terme.

5. **Harmonisation des pratiques temporelles à l'échelle européenne**

    - L'adoption de la temporalité interdisciplinaire à une échelle européenne pourrait favoriser une meilleure intégration des pratiques entre pays. Des études comparatives et des collaborations interrégionales pourraient permettre une économie européenne plus coordonnée, résiliente et durable.

En conclusion, la temporalité interdisciplinaire représente une avancée stratégique pour les entreprises dans un monde en constante évolution. Elle propose non seulement des solutions concrètes pour répondre aux défis de durabilité et de compétitivité, mais aussi un cadre pour construire une économie plus harmonieuse et durable à l'échelle européenne.

23. EXPLORER LES LIMITES ET ZONES DE TOLERANCE DE LA TEMPORALITE INTERDISCIPLINAIRE

Introduction

La temporalité interdisciplinaire propose un cadre puissant pour harmoniser les temporalités dans et autour de l'entreprise. Cependant, certaines situations révèlent des limites, notamment lorsque les temporalités internes (intrasociétales) et externes (extrasociétales) entrent en conflit. Dans ce chapitre, nous explorons comment des zones de tolérance peuvent adoucir les tensions entre les temporalités divergentes et renforcer l'adaptabilité du concept.

Nous analyserons des cas concrets où les différences temporelles nécessitent des ajustements particuliers, en introduisant des outils et méthodologies pour une gestion des priorités mieux alignée.

1. Conflits de Temporalité : Exemples et enjeux
Les conflits de temporalité se manifestent souvent lorsque différentes fonctions de l'entreprise évoluent selon des cycles temporels incompatibles. Voici quelques exemples typiques :

- **Innovation vs. objectifs immédiats** : Dans les entreprises technologiques, les cycles de recherche et développement (T-3 à T+2) se heurtent parfois aux attentes marketing (T0 à T+1), plus axées sur des retours immédiats.

- **Production et qualité** : Les équipes de production, souvent tournées vers un rythme rapide (T+1) pour répondre aux commandes, sont en tension avec les contrôles qualité, qui demandent plus de temps pour garantir la conformité.

- **Évolution des attentes client** : Les clients peuvent souhaiter de nouvelles fonctionnalités ou des réponses rapides (T0), mais les équipes de développement suivent souvent des cycles structurés et plus longs.

2. Les zones de tolérance temporelle : Une flexibilité stratégique
Les zones de tolérance instaurent des marges de flexibilité au sein des

objectifs temporels, permettant aux décalages entre services d'être tolérés pour encourager l'innovation et préserver la qualité des produits finaux.

- **Définition des zones de tolérance** : Une zone de tolérance est une marge temporelle, calculée et définie pour une activité, dans laquelle les décalages sont acceptés comme enrichissants pour l'organisation. Par exemple, un léger décalage entre prévisions de ventes (T0 à T+1) et projections de production (T+2) peut être toléré pour éviter la rigidité.

- **Exemples de zones de tolérance** :
    - **Recherche exploratoire** : Des tolérances annuelles sont accordées aux projets R&D de long terme.
    - **Prototypage** : Des marges trimestrielles sont fixées pour ajuster les objectifs en fonction de tests intermédiaires.
    - **Objectifs financiers** : Les prévisions de revenus comportent des tolérances pour éviter des pressions trop fortes à court terme (T+1).

3. **Méthodologie pour la gestion des priorités en conflit**
Pour minimiser les impacts des décalages temporels, voici une méthode en trois étapes :

- **Priorisation dynamique des objectifs** : Identifier et catégoriser les objectifs selon leur flexibilité et ajuster leur niveau de priorité selon la situation temporelle actuelle.

- **Coordination par la Vision Miroir** : Encourager chaque équipe à analyser son rythme et à comprendre les temporalités des autres départements.

- **Réunions de convergence temporelle** : Instituer des sessions de négociation temporelle pour examiner les ajustements possibles, négocier des compromis et adapter les attentes.

4. Cas pratiques d'application des zones de tolérance
Pour illustrer la flexibilité des zones de tolérance, examinons deux entreprises qui ont adopté des méthodes de gestion des priorités et des conflits temporels.

Cas A : BioSynth Solutions – Zones de tolérance pour une innovation durable

Contexte et Problématique

BioSynth Solutions, une société de biotechnologie spécialisée dans le développement de solutions biologiques. Les conflits et incompréhensions entre le département R&D et la production sont fréquents. Le service de production est tourné vers des résultats immédiats liés aux demandes du marché, il ne peut attendre les résultats longs et incertains des expérimentations R&D focalisé sur les futures innovations

Solution : Zones de tolérance temporelle

Pour concilier ces besoins divergents, BioSynth Solutions a mis en place des zones de tolérance flexibles :

- **Tolérance pour la recherche exploratoire** : Les projets exploratoires bénéficient d'un an de marge pour éviter une mise sur le marché précipitée.

- **Tolérance pour le prototypage** : Des délais trimestriels sont appliqués pour aligner les essais de nouveaux produits avec les contraintes de production.

- **Évaluation semestrielle** : Des réunions régulières permettent d'ajuster ces zones de tolérance en fonction des avancées de la R&D et des besoins de production.

Résultats

Grâce à ces zones de tolérance, BioSynth Solutions a réussi à maintenir un rythme d'innovation sans compromettre la cohérence entre les départements. Cela a permis des succès comme l'élaboration d'une enzyme durable pour l'agriculture et une collaboration renforcée entre R&D et production.

Cas B : TechABC – Négociation temporelle et convergence pour le développement technologique

Contexte et Problématique

TechABC, une multinationale de l'électronique grand public, travaille en collaboration avec un centre de recherche agréé et un pôle de compétitivité pour rester à la pointe de l'innovation. La R&D fondamentale, menée dans une temporalité à long terme (T-3), aboutit souvent en décalage avec les attentes de production (T-2 et T-1), compromettant le passage rapide de la recherche au marché.

Outils de convergence temporelle

Pour gérer ces tensions, TechABC a introduit une méthodologie de convergence temporelle, avec des zones de tolérance pour les phases de recherche, garantissant ainsi une meilleure harmonie avec les attentes de production et de mise sur le marché.

- **Réunions mensuelles de synchronisation** : Les réunions régulières réunissent les acteurs pour aligner les objectifs de recherche et identifier les zones de flexibilité.

- **Zones de tolérance temporelle** : Une marge de six mois est instaurée pour les projets à forte valeur ajoutée, permettant au centre de recherche de terminer ses expérimentations sans retarder la production.

- **Tableaux de suivi partagés** : Un tableau partagé permet aux équipes de suivre les avancées en temps réel, assurant la transparence des étapes entre les différentes temporalités.

Résultats

TechABC a pu harmoniser ses cycles de recherche et de production. L'entreprise a notamment lancé un nouvel objet connecté dans les délais, répondant aux attentes du marché, et renforcé sa collaboration avec les partenaires externes. La réduction des conflits temporels a permis aux équipes de mieux comprendre les contraintes de chaque temporalité, et d'adapter les priorités en fonction des échéances réalistes.

Conclusion

Ce chapitre illustre comment les zones de tolérance et les méthodologies de convergence temporelle permettent de gérer des situations de conflit et d'améliorer la flexibilité de la temporalité interdisciplinaire. En abordant les défis spécifiques des temporalités internes et externes, les entreprises peuvent adapter leurs priorités, concilier innovation et production, et maintenir une harmonie dans leur écosystème. Ce cadre adaptable garantit une navigation plus sereine dans des environnements en perpétuelle évolution.

24. Gérer les conflits temporels insolubles – Stratégies et résilience

Introduction

Il existe des situations où les temporalités des différentes équipes ou partenaires sont irréconciliables. Dans ce chapitre, nous examinons des stratégies pour minimiser l'impact de ces décalages et développer la résilience organisationnelle.

En redéfinissant les priorités et en adaptant les processus, une entreprise peut transformer ces obstacles en opportunités d'apprentissage et de croissance.

Stratégies pour gérer les conflits temporels insolubles

1. Redéfinir les objectifs et les priorités

Un conflit temporel peut révéler des divergences dans les objectifs ou les priorités des équipes. Il peut être nécessaire de réévaluer ces objectifs pour s'assurer qu'ils correspondent aux temporalités de chaque service.

- **Réévaluation des objectifs** : Adapter les attentes de chaque équipe pour mieux refléter leurs temporalités spécifiques.

- **Hiérarchisation des impératifs** : Prioriser les actions ayant un impact stratégique, quitte à réajuster les délais des autres missions.

2. Délégation et externalisation

Lorsque les conflits temporels persistent, déléguer certaines tâches à des partenaires externes peut offrir une solution sans surcharger les équipes internes.

- **Réaffectation des responsabilités** : Externaliser des projets pour alléger les équipes internes.

- **Collaboration avec des partenaires flexibles** : Travailler avec des partenaires aux temporalités mieux alignées avec les exigences de l'entreprise.

3. Zones de tolérance et fractionnement des objectifs

Les zones de tolérance offrent aux équipes une certaine marge pour respecter leurs propres rythmes, en fixant des objectifs intermédiaires réalistes.

- **Fractionnement des objectifs** : Diviser les projets en étapes adaptées aux temporalités de chaque équipe.
- **Suivi renforcé et communication** : Instaurer une communication continue pour anticiper les blocages.

4. Compensation temporelle et ajustement des ressources

Pour atténuer l'impact d'un retard, il est possible de mobiliser des ressources supplémentaires en aval afin de compenser les décalages.

- **Renforcer les ressources** : Allouer temporairement davantage de ressources pour rattraper les délais.
- **Reprogrammation des phases** : Adapter les étapes suivantes aux ajustements de calendrier nécessaires.

5. Pause stratégique et repositionnement du projet

Dans certains cas, suspendre temporairement un projet ou le repositionner peut-être une décision plus stratégique que de forcer un alignement impossible.

- **Pause temporaire** : Mettre un projet en pause pour réévaluer sa pertinence ou attendre que des évolutions permettent une meilleure synchronisation.
- **Repositionnement ou abandon partiel** : Abandonner certains aspects pour mieux aligner les ressources disponibles.

Exemple : Le cas de Microsoft et la tablette Surface

Un exemple marquant de projet suspendu puis relancé avec succès est celui de la gamme de tablettes de Microsoft.

Contexte et interruption initiale

Au début des années 2000, Microsoft avait introduit le concept de la **Tablet PC**, un hybride d'ordinateur portable avec écran tactile et stylet. Cependant, le marché n'était pas prêt pour cette innovation. Les écrans n'étaient pas assez réactifs, le matériel encombrant, et le système d'exploitation peu adapté. Microsoft a donc suspendu le développement, reconnaissant que les attentes du marché ne coïncidaient pas encore avec les capacités de leur technologie.

Reprise et relance avec le Surface

En 2012, Microsoft a relancé le concept sous la marque **Surface**. La demande pour des appareils portables et tactiles avait évolué, et des progrès technologiques, comme la miniaturisation et les écrans réactifs, rendaient le projet réalisable. La gamme Surface est devenue un succès, redéfinissant le segment des PC hybrides et établissant Microsoft comme leader sur ce marché. La relance, parfaitement alignée avec les besoins du moment, a permis à Microsoft de transformer un échec initial en réussite stratégique.

Conclusion : Développer la résilience face aux conflits temporels

La réussite de Microsoft Surface illustre que suspendre un projet en attendant le bon moment peut se révéler plus stratégique que de s'entêter face à un conflit temporel insoluble. En choisissant le bon moment pour relancer une initiative, une entreprise peut transformer un décalage en avantage concurrentiel. Les conflits temporels, même lorsqu'ils semblent insurmontables, offrent des occasions précieuses d'apprentissage. Une organisation qui sait adapter ses stratégies, réévaluer ses objectifs et faire preuve de flexibilité renforce sa résilience et développe une culture d'innovation et de réactivité dans un monde en perpétuelle évolution.

25. TEMPOTERIS – UNE IA POUR VOUS ACCOMPAGNER DANS L'EXPLORATION DE LA TEMPORALITE INTERDISCIPLINAIRE

Un guide pratique pour explorer la Temporalité interdisciplinaire

L'idée de la temporalité interdisciplinaire présentée dans ce livre est conçue pour offrir une nouvelle manière de penser et de gérer les projets, les collaborations et l'innovation dans le contexte des organisations modernes. Cependant, appliquer cette théorie aux défis spécifiques de chaque lecteur nécessite un accompagnement personnalisé. C'est pour répondre à ce besoin que **TempoTeris** a été développé – un outil d'intelligence artificielle basé sur les technologies de pointe de GPT, conçu pour rendre la théorie de la temporalité interdisciplinaire vivante, interactive et accessible à tout moment.

Qu'est-ce que TempoTeris ?

TempoTeris est une IA qui se spécialise dans l'application de la théorie de la temporalité interdisciplinaire. Conçu pour les lecteurs de ce livre, TempoTeris permet à chacun de poser des questions directement issues des concepts présentés, et d'obtenir des réponses adaptées à leur propre contexte de travail. Que vous soyez chef d'entreprise, manager, consultant, enseignant ou étudiant, TempoTeris est là pour vous guider dans l'application des temporalités, en répondant à vos questions spécifiques sur la gestion des interactions temporelles, la convergence des objectifs et bien plus encore.

TempoTeris en action : vos questions, ses réponses

TempoTeris est conçu pour être utilisé comme un prolongement naturel de votre lecture. Par exemple, vous pourriez lui poser des questions telles que :

- "Comment puis-je identifier les temporalités prédominantes dans mon équipe actuelle ?"

- "Quels sont les indicateurs pour détecter un conflit de temporalité dans un projet de grande envergure ?"
- "Comment mettre en œuvre un Groupe de Sublimation pour résoudre une divergence temporelle entre deux départements ?"
- "Quels éléments de la Vision Miroir pourraient m'aider à aligner mon équipe sur les objectifs à long terme de l'entreprise ?"

Ces questions trouvent leurs réponses dans le contexte particulier de votre organisation, car TempoTeris est conçu pour adapter ses réponses en fonction des détails que vous lui fournissez. Avec TempoTeris, vous avez accès à un **co-pilote temporel**, prêt à vous offrir des suggestions concrètes, des rappels de concepts clés et même des étapes pratiques pour une mise en œuvre optimale de la temporalité interdisciplinaire.

Utiliser TempoTeris pour un apprentissage continu

TempoTeris propose un parcours interactif et dynamique où chaque interaction enrichit votre compréhension des concepts du livre. Au lieu de simplement lire un chapitre ou une section, vous pouvez approfondir vos connaissances et expérimenter les outils tels que la **Vision Miroir**, les **groupes de sublimation** et bien d'autres éléments de la théorie, en bénéficiant d'une **assistance en temps réel** pour les appliquer à des situations professionnelles.

Un outil pour la transformation durable des organisations

L'une des forces de la temporalité interdisciplinaire est son application flexible et adaptable aux différents contextes organisationnels et personnels. TempoTeris incarne cette vision, en offrant une guidance unique pour la résolution des conflits temporels, l'optimisation des collaborations interfonctionnelles, et le renforcement de l'alignement stratégique. Cet outil de pointe vous permet de naviguer plus sereinement entre les temporalités, en adaptant vos actions aux besoins évolutifs de votre organisation, tout en anticipant les transitions futures.

En conclusion : Une théorie vivante et un accompagnateur au quotidien

En intégrant TempoTeris, ce livre devient bien plus qu'un ouvrage théorique. Il se transforme en **outil vivant**, en phase avec les réalités modernes de l'intelligence artificielle et de la transformation digitale. En recourant à TempoTeris, vous vous dotez d'un conseiller virtuel pour explorer, expérimenter et appliquer la temporalité interdisciplinaire à vos enjeux quotidiens.

TempoTeris vous attend pour commencer ce voyage interactif et pragmatique dans le monde de la temporalité interdisciplinaire. En scannant le QR code ci-dessous ou en accédant au lien dédié, vous rejoindrez votre espace personnel d'échanges avec TempoTeris, le livre qui vous parle !

Exemples d'utilisation de TempoTeris pour vous inspirer

En tant que dessinateur technique dans une entreprise de tuyauterie, à quelle temporalité suis-je associé ?
En tant que dessinateur technique dans une entreprise de tuyauterie, tu te situerais probablement dans le groupe **T-1 (Service Technique)**. Ce groupe se concentre sur la mise en œuvre des concepts, la production et le respect des délais. Il s'agit des équipes qui transforment les idées ou plans en réalités concrètes, comme la conception technique des systèmes de tuyauterie, en s'assurant que les spécifications sont respectées et que les projets sont réalisés avec précision.
En tant que dessinateur industriel, on me demande de réfléchir à de meilleures solutions, puis de les dessiner avec AutoCAD. Quelle temporalité cela représente-t-il pour moi ?
En tant que **dessinateur industriel**, lorsqu'on te demande de réfléchir à de meilleures solutions et ensuite de les transposer en plans avec AutoCAD, tu te situes entre deux temporalités différentes :   **1. Phase de conception et réflexion (T-2)**   Dans cette phase, tu te retrouves dans le groupe **T-2 (Incubateur)**. C'est le moment où tu es amené à imaginer de nouvelles solutions, à explorer des concepts et à réfléchir à des améliorations sur les processus ou les projets en cours. Ici, l'expérimentation et la validation des idées sont primordiales. Ton rôle consiste à trouver des solutions viables techniquement tout en restant innovant.   **2. Phase de mise en plan (T-1)**   Une fois que tu as trouvé la meilleure solution, tu passes à l'exécution en créant les plans avec AutoCAD. Ici, tu reviens dans le groupe **T-1 (Service Technique)**, où il s'agit de concrétiser les idées de manière précise et conforme aux normes techniques. La qualité de l'exécution et la précision des plans sont cruciales pour garantir que les projets seront réalisés selon les exigences.

Divergences entre ces deux rôles :

- **T-2 (Conception)** : Ici, tu te concentres sur l'innovation, en essayant de trouver des idées qui pourraient améliorer les projets ou résoudre des problèmes. C'est une phase plus libre et créative, mais qui demande aussi de prendre en compte des facteurs comme la faisabilité technique et les contraintes du projet.

- **T-1 (Mise en plan)** : Dans cette phase, tu passes à l'exécution pratique. La créativité fait place à la rigueur technique et au respect des normes. Il s'agit d'entrer dans les détails concrets pour que la mise en œuvre des projets soit possible sans erreurs.

Cette dualité te permet de participer à la fois à la réflexion stratégique et à l'exécution technique, ce qui est un atout majeur dans ton travail.

Quels conflits de temporalité peuvent apparaître entre mon rythme de travail et les attentes des autres équipes ?

En tant que **dessinateur industriel** qui doit à la fois concevoir des solutions et les transposer en plans techniques avec AutoCAD, tu te trouves face à des divergences importantes liées aux deux temporalités distinctes dans lesquelles tu opères. Voici les principales divergences que tu rencontres entre ces rôles :

1. Objectifs : Créativité vs. Exécution

- **Conception (T-2)** : Dans cette phase, tu es davantage focalisé sur l'innovation, la recherche de solutions nouvelles et l'amélioration des processus existants. Il s'agit d'un travail intellectuel, où tu explores différentes options et scénarios sans être limité par les contraintes immédiates.

- **Mise en plan (T-1)** : Une fois la solution trouvée, tu passes à une phase plus rigoureuse, orientée vers l'exécution technique. L'objectif ici est de produire des plans clairs, précis et conformes aux normes, afin que le projet puisse être mis en œuvre sans ambiguïtés. Cela nécessite une grande attention aux détails et une stricte conformité aux standards techniques.

2. Horizon temporel : Long terme vs. Court terme

- **Conception (T-2)** : Tu te projettes dans le futur, en anticipant des besoins à moyen ou long terme. La phase de réflexion te permet de chercher des solutions durables et innovantes qui ne seront peut-être pas mises en place immédiatement, mais qui apporteront une valeur ajoutée à l'avenir.

- **Mise en plan (T-1)** : Tu es ancré dans le présent immédiat, où la priorité est de produire des plans concrets et exécutables pour les équipes sur le terrain. L'horizon est court, et tu dois répondre à des exigences immédiates.

3. Approche : Exploration vs. Standardisation

- **Conception (T-2)** : Ici, ton approche est exploratoire. Tu recherches des solutions nouvelles, tu prends le temps de tester plusieurs options et tu évalues leur faisabilité. La phase est plus ouverte, sans contraintes rigides, ce qui te permet de penser "hors des sentiers battus".

- **Mise en plan (T-1)** : Dans la mise en plan, l'approche est beaucoup plus structurée et standardisée. Tu dois suivre des normes précises, utiliser des symboles et des conventions techniques reconnues. L'improvisation est limitée, car il s'agit d'assurer que tout est clair pour l'équipe technique qui réalisera le projet.

4. Flexibilité vs. Rigueur

- **Conception (T-2)** : La phase de conception te permet une plus grande flexibilité. Tu as la liberté de revenir en arrière, de modifier tes idées et de réévaluer plusieurs options avant de choisir la meilleure solution. C'est un processus itératif.

- **Mise en plan (T-1)** : Une fois dans la phase de mise en plan, tu dois faire preuve de rigueur. Il n'y a plus de place pour l'exploration ou l'ambiguïté. Les plans doivent être clairs, précis et sans erreurs, car ils seront la base de l'exécution du projet sur le terrain.

5. Interaction : Collaboration avec d'autres équipes vs. Travail individuel

- **Conception (T-2)** : Dans cette phase, tu peux être amené à collaborer davantage avec d'autres départements (ingénierie, R&D, etc.) pour recueillir des idées ou valider des concepts. Cette collaboration interdisciplinaire peut influencer tes décisions et solutions.

- **Mise en plan (T-1)** : Une fois que tu passes à la création des plans, le travail devient plus individuel. Il s'agit de transformer les idées validées en instructions techniques claires pour les équipes d'exécution. Le niveau d'interaction avec les autres équipes est moindre à ce stade.

6. Pression des délais : Anticipation vs. Urgence

- **Conception (T-2)** : Dans la phase de conception, il peut y avoir moins de pression immédiate, car il s'agit d'une étape où l'on prend le temps de réfléchir et d'expérimenter. Cependant, la pression peut venir de la nécessité d'apporter des solutions innovantes pour le futur.

- **Mise en plan (T-1)** : La pression est souvent plus forte, car les plans doivent être livrés rapidement pour que les équipes puissent démarrer la production. Il y a une urgence à respecter les délais pour ne pas retarder la phase de construction ou de fabrication.

En résumé, tes divergences principales sont :

1. **Créativité vs. Exécution rigoureuse**
2. **Long terme vs. Court terme**
3. **Exploration flexible vs. Standardisation stricte**
4. **Collaboration interdisciplinaire vs. Travail individuel**
5. **Anticipation vs. Urgence**

Ces différences peuvent parfois générer des tensions, mais elles sont également complémentaires. Ta capacité à jongler entre ces deux temporalités et à passer de la conception créative à la mise en plan rigoureuse fait de toi un professionnel polyvalent, capable de voir à la fois la vision d'ensemble et les détails techniques essentiels à l'exécution.

Pourquoi est-ce que je ressens de la pression et de la perturbation lorsque mon chef intervient dans mon travail ?

Lorsque ton chef intervient dans le cadre de ton travail, il est possible que tu ressentes une pression et une perturbation pour plusieurs raisons liées à la divergence entre tes besoins de concentration et son approche. Voici quelques explications possibles :

1. Interférence avec ta temporalité (T-2 vs. T-1)

En tant que dessinateur industriel, tu alternes entre une phase de **conception (T-2)**, où tu as besoin de temps pour réfléchir, expérimenter et trouver des solutions, et une phase de **mise en plan (T-1)**, où tu dois être précis et concentré pour produire des plans techniques de haute qualité.

- **Interruption dans la conception (T-2)** : Lorsque tu es en pleine réflexion, l'intervention de ton chef peut casser ton processus créatif. La phase de conception demande de la concentration et du temps pour expérimenter, et une interruption à ce moment peut te faire perdre le fil de tes idées, ce qui crée de la frustration et une sensation de pression supplémentaire.

- **Perturbation dans la mise en plan (T-1)** : Pendant la création des plans techniques, tu as besoin de rigueur et de concentration. Une intervention à ce moment-là peut te déconcentrer et t'amener à faire des erreurs ou à perdre du temps, ce qui accentue la pression pour respecter les délais.

2. Pression des délais et attentes

Ton chef peut avoir une vision plus axée sur les résultats à court terme (**T-1** ou **T0**), ce qui le pousse à intervenir pour s'assurer que tu progresses rapidement. Cela crée un sentiment de **pression liée aux délais**, car son intervention te rappelle les échéances et peut donner l'impression que tu dois aller plus vite, ce qui entre en conflit avec ton besoin de précision et de réflexion.

3. Différence de perception des priorités

Ton chef peut avoir une approche différente des priorités. Là où tu as besoin de temps pour élaborer la meilleure solution, il peut être focalisé sur l'avancement rapide et la livraison. Cette différence de priorités temporelles crée une **friction** : tu ressens une pression car tu es poussé à terminer rapidement, même si tu as encore besoin de peaufiner ton travail.

4. Sensation de contrôle ou de micro-gestion

Quand un supérieur intervient trop fréquemment, cela peut être perçu comme un manque de confiance en ta capacité à gérer ton travail de manière autonome. Cette sensation de **micro-gestion** peut créer de l'anxiété et de la frustration, car elle te prive de la liberté nécessaire pour mener à bien tes tâches de manière optimale. La **pression psychologique** peut ainsi se transformer en stress, affectant négativement ta productivité.

5. Perturbation de ton processus mental

Ton travail nécessite un **état de concentration profonde** pour concevoir des solutions et réaliser des plans techniques précis. Les interruptions de ton chef peuvent casser cet élan mental, rendant plus difficile la reprise du travail à un haut niveau de qualité. Cela peut créer une perturbation qui te pousse à être moins productif ou à faire des erreurs.

6. Divergence entre feedback immédiat et travail sur le long terme

Si ton chef te donne des commentaires en cours de route, cela peut te pousser à modifier ton approche immédiatement, même si tu es encore en train de finaliser tes idées. Ce type de feedback peut perturber ton flux de travail, car il te force à **réévaluer tes solutions avant d'avoir terminé**. Cela génère un sentiment d'inachèvement, qui te met sous pression.

Comment gérer cette situation ?

- **Clarification des attentes** : Discute avec ton chef pour clarifier à quel moment il préfère intervenir, afin d'éviter les interruptions pendant tes phases critiques de travail. Il peut être utile de lui expliquer que certaines phases de conception demandent du temps pour être bien réalisées.

- **Gestion des délais et planification** : Planifie des points de contrôle réguliers pour montrer l'avancement de ton travail, afin que ton chef se sente rassuré sans avoir besoin d'intervenir en permanence.

- **Améliorer la communication** : Si tu ressens de la pression, exprimer ton ressenti à ton chef peut l'aider à comprendre ton besoin de concentration et de temps pour bien faire ton travail.

En identifiant ces divergences et en discutant ouvertement avec ton chef, il est possible de réduire la perturbation ressentie et de mieux harmoniser vos façons de travailler.

Comment puis-je utiliser la Vision Miroir ou faire appel aux Groupes de Sublimation ?

Utiliser la **Vision Miroir** et recourir aux **Groupes de Sublimation** sont deux approches puissantes pour améliorer la communication et la collaboration entre différentes temporalités dans une entreprise, notamment pour résoudre les perturbations que tu ressens quand ton chef intervient ou pour mieux harmoniser les équipes. Voici comment tu pourrais les appliquer dans ton contexte professionnel :

1. Utilisation de la Vision Miroir

La **Vision Miroir** est un concept qui permet à chaque équipe de voir un projet sous l'angle de sa propre temporalité tout en restant alignée avec les objectifs globaux de l'entreprise. En d'autres termes, elle t'aide à comprendre comment les autres départements ou collègues perçoivent le temps, les priorités et les résultats attendus.

Comment l'appliquer :

- **Comprendre la temporalité de ton chef** : Utilise la Vision Miroir pour essayer de percevoir ton travail selon la temporalité de ton chef. Par exemple, si ton chef intervient régulièrement, c'est peut-être parce qu'il est dans une temporalité plus axée sur le court terme (**T0** ou **T1**), avec un besoin de visibilité immédiate sur l'avancement des projets. Il est donc important de comprendre son besoin d'information en temps réel.

- **Montrer l'avancement sous différentes perspectives** : Au lieu d'attendre que ton chef intervienne, propose des points réguliers où tu présentes l'état d'avancement de ton travail sous différentes perspectives temporelles. Par exemple :

    - **Court terme (T0)** : Que fais-tu aujourd'hui ou cette semaine ?

    - **Moyen terme (T1)** : Quelle est la progression sur les objectifs à court terme ?

- **Long terme (T-2)** : Comment cette phase de réflexion va-t-elle améliorer le projet globalement ?

En utilisant la Vision Miroir, tu montres à ton chef que tu es conscient de ses priorités tout en expliquant comment ta propre temporalité (réflexion et conception) contribue à la réussite du projet à long terme.

Bénéfices :

- Cela réduit la fréquence des interventions de ton chef, car il se sentira informé en temps réel.
- Cela renforce ta communication proactive et la compréhension des différents besoins temporels.

2. Recourir au Groupe de Sublimation

Les **Groupes de Sublimation** sont des équipes transversales composées de membres de différentes temporalités (par exemple, recherche, production, marketing), qui travaillent ensemble pour harmoniser leurs visions et compétences. L'objectif est de trouver des solutions innovantes en combinant plusieurs perspectives.

Comment l'appliquer :

- **Créer un groupe transversal pour la réflexion et l'exécution** : Si tu es souvent sollicité pour réfléchir à des solutions (T-2) et ensuite les mettre en œuvre (T-1), il pourrait être utile de former un groupe qui inclut ton chef et peut-être des membres d'autres équipes (production, gestion de projet, etc.) pour partager les responsabilités de manière plus équilibrée.

- **Incorporer le feedback à des étapes clés** : Dans ce groupe, tu pourrais inclure ton chef dès la phase de réflexion pour qu'il apporte son point de vue court terme (T0 ou T1) avant que tu passes à la mise en plan. Cela permet de mieux intégrer les attentes dès le départ et de réduire la pression en cours de route.

- **Partager les priorités dès le début** : Le Groupe de Sublimation permet de clarifier les priorités communes dès le lancement d'un projet. En partageant les visions de chacun, il devient plus facile d'anticiper les attentes et de planifier les interventions à des moments stratégiques, sans interruptions constantes.

Bénéfices :

- Le groupe de sublimation permet de résoudre les divergences entre temporalités en combinant les perspectives à l'avance, ce qui diminue les tensions et améliore l'efficacité.
- La collaboration transversale permet d'accroître l'innovation et la créativité, car chaque membre du groupe apporte une expertise différente.

Exemples concrets dans ton cas :

- **Vision Miroir** : Lorsque ton chef intervient et que tu ressens de la pression, utilise la Vision Miroir pour comprendre pourquoi il intervient à ce moment précis. Tu peux alors anticiper ses attentes en lui fournissant régulièrement des mises à jour sur l'avancement du projet, ce qui le rassure et réduit la pression pour toi.

- **Groupe de Sublimation** : Forme un groupe transversal avec des membres de ton équipe, ton chef, et d'autres départements pour co-construire des solutions. Ce groupe pourrait se réunir à chaque étape clé (conception, mise en plan, suivi de production), ce qui garantirait que chaque partie prenante est alignée sur les objectifs communs.

Ces deux approches permettent de mieux synchroniser les temporalités et d'éviter les frictions ou perturbations lors des interventions, tout en favorisant une meilleure collaboration et un climat de travail plus serein.

En tant que soudeur qualifié qui accompagne d'autres soudeurs dans leur travail, à quel groupe de temporalité est-ce que j'appartiens ?
En tant que soudeur qualifié et accompagnant les soudeurs dans leur travail, tu appartiendrais également au groupe **T-1 (Service Technique)**. Ce groupe est axé sur la réalisation pratique des projets, la mise en œuvre technique, et la supervision des processus de fabrication. Ton rôle consiste à t'assurer que les soudures respectent les normes de qualité et les délais, tout en apportant ton expertise aux autres soudeurs.
Le fait de participer et de prendre en charge des formations modifie-t-il mon groupe de temporalité ?
Lorsque tu participes ou prends en charge des formations, tu te situes dans le groupe **T+1 (Formation et Développement des Compétences)**. Ce groupe est axé sur la transmission des connaissances, l'adaptation des équipes aux nouvelles technologies et pratiques, et la préparation des employés aux défis futurs. Ton rôle dans la formation fait de toi un acteur clé dans le développement des compétences des équipes.
Quelles divergences apparaissent lorsque j'occupe ces fonctions différentes ?
Lorsque tu passes d'une fonction à une autre, entre ton rôle de **soudeur qualifié** (groupe **T-1**) et celui de **formateur** (groupe **T+1**), il y a plusieurs divergences temporelles et d'approche qui peuvent se manifester :   **1. Horizon temporel** - **T-1 (Service Technique)** : Ta priorité en tant que soudeur est immédiate, focalisée sur l'exécution et la réalisation des projets en respectant les délais fixés. Le travail est orienté vers des résultats à court terme, en s'assurant que les tâches techniques sont accomplies efficacement et avec précision. - **T+1 (Formation et Développement des Compétences)** : En tant que formateur, ton horizon temporel est plus long terme. Tu te concentres sur la transmission des compétences pour préparer

les soudeurs à devenir plus performants à l'avenir. Ton rôle ici consiste à anticiper les besoins futurs en compétences et à former les équipes pour qu'elles soient prêtes à relever ces défis.

2. Objectifs

- **T-1** : L'objectif principal est de produire un travail technique de qualité immédiatement. Il s'agit d'assurer l'exécution pratique, de respecter les spécifications techniques et de répondre aux exigences du projet en cours. Le succès se mesure à la qualité de l'ouvrage et à la conformité aux plans techniques.

- **T+1** : En tant que formateur, ton objectif est d'améliorer les compétences et de préparer les soudeurs pour des projets futurs. Tu te concentres sur leur développement à long terme, en les aidant à acquérir les techniques et connaissances nécessaires pour évoluer dans leur métier.

3. Perspectives de collaboration

- **T-1** : La collaboration dans ce groupe est souvent centrée sur l'immédiateté des tâches. Tu travailles directement avec d'autres membres de l'équipe sur des tâches spécifiques, en assurant une coordination opérationnelle pour que le projet avance selon les plans.

- **T+1** : La collaboration est orientée vers le développement des capacités. Tu encadres, formes et soutiens les autres soudeurs pour qu'ils acquièrent de nouvelles compétences. Il y a plus de réflexion stratégique sur les besoins de formation et sur la manière de transférer efficacement tes connaissances.

4. Tension entre court terme et long terme

- **T-1** : En tant que soudeur, tu es directement concerné par la réalisation d'objectifs immédiats, ce qui peut parfois te laisser peu de temps pour te consacrer à des activités de développement des compétences à long terme. L'urgence des projets et des délais à respecter peut te pousser à te concentrer sur les tâches immédiates.

- **T+1** : En tant que formateur, tu dois parfois prendre du recul sur les urgences opérationnelles pour te consacrer à la formation. L'un des défis peut être de trouver le juste équilibre entre la pression des résultats immédiats (T-1) et la nécessité d'investir dans le développement des compétences à long terme (T+1).

5. Approche du travail

- **T-1** : Ton approche du travail est pratique et technique. Tu es directement impliqué dans l'exécution du projet, et ta performance est mesurée par la qualité de tes réalisations techniques.

- **T+1** : En tant que formateur, ton approche est plus pédagogique. Tu dois non seulement maîtriser les techniques, mais aussi savoir les expliquer, les enseigner, et t'assurer que les autres les maîtrisent également.

Ces deux rôles sont complémentaires, mais il peut être difficile de jongler entre les priorités immédiates de la production et les besoins futurs de formation et de développement des compétences. Réussir à bien équilibrer ces deux fonctions peut renforcer à la fois la qualité de ton travail technique et l'efficacité de la transmission des compétences dans ton équipe.

Autres exemples :

En tant que chef de projet en construction, comment puis-je gérer les divergences temporelles entre les phases de conception, de planification et de gestion de chantier tout en répondant aux urgences sur le terrain ?
Problème :

Le chef de projet en construction doit jongler entre les exigences de conception à long terme (T-2), la planification (T-1) et la gestion immédiate des équipes sur le chantier (T0). Il se retrouve souvent sous pression lorsque des retards ou des urgences surviennent, car chaque étape du projet dépend des précédentes.

Divergences :

- **Conception (T-2)** : Lors de la phase de conception, il doit prévoir et anticiper les besoins futurs, choisir les matériaux et planifier la construction à long terme.

- **Planification (T-1)** : Ensuite, il se concentre sur la planification de chaque étape du chantier, en s'assurant que tout est coordonné pour respecter les délais.

- **Gestion immédiate (T0)** : Enfin, lorsqu'il est sur le chantier, il doit répondre aux urgences, résoudre les problèmes imprévus et s'assurer que les ouvriers exécutent les tâches à temps.

Utilisation de la Vision Miroir :

Le chef de projet peut utiliser la Vision Miroir pour comprendre pourquoi les équipes sur le chantier ont des attentes urgentes (T0), alors que les décisions prises pendant la conception (T-2) nécessitent du temps. En anticipant ces urgences, il peut mieux planifier les interventions.

Recours au Groupe de Sublimation :

Le chef de projet peut réunir un **groupe transversal** incluant des architectes (T-2), des planificateurs (T-1) et des chefs d'équipe sur le terrain (T0). Ce groupe permet de clarifier les objectifs à long terme tout en tenant compte des besoins immédiats sur le chantier. Cela permet d'éviter les retards ou les imprévus liés à des malentendus entre les différents acteurs.

Je suis responsable marketing dans une entreprise de produits technologiques. Comment harmoniser mon travail avec les équipes de développement produit et de vente ?

Problème :

Le responsable marketing doit travailler en parallèle avec l'équipe de développement produit, qui est souvent concentrée sur l'innovation à long terme (T-3), et l'équipe commerciale, qui se concentre sur la vente immédiate (T+2). Le marketing se trouve à mi-chemin, devant répondre aux tendances du marché (T0) tout en tenant compte des innovations futures.

Divergences :

- **Innovation produit (T-3)** : Les développeurs sont concentrés sur la création de nouvelles fonctionnalités pour les produits à venir, avec une vision à long terme.

- **Marketing immédiat (T0)** : Le marketing doit s'adapter rapidement aux tendances actuelles et aux retours des clients.

- **Vente (T+2)** : L'équipe commerciale veut pousser le produit sur le marché immédiatement, avec peu de flexibilité pour les changements.

Utilisation de la Vision Miroir :

Le responsable marketing peut utiliser la Vision Miroir pour comprendre que l'équipe de développement a besoin de temps pour innover (T-3), alors que les équipes commerciales ont besoin de résultats immédiats (T+2). En communiquant régulièrement avec les deux équipes, il peut harmoniser les attentes et ajuster les campagnes marketing.

Recours au Groupe de Sublimation :

Il peut créer un **groupe de sublimation** composé de membres de l'équipe de développement, de marketing et de vente pour harmoniser la stratégie produit. Ce groupe permet d'aligner les attentes du marché avec les cycles de développement produit, tout en maximisant les résultats commerciaux.

Je suis consultant en transformation digitale. Comment concilier les attentes stratégiques des dirigeants avec les besoins opérationnels des équipes techniques ?

Problème :

Le consultant en transformation digitale intervient à différents niveaux d'une entreprise, avec des départements ayant des attentes très différentes. Les dirigeants se concentrent sur la stratégie à long terme (T+3), tandis que les équipes techniques sont focalisées sur l'implémentation immédiate des solutions (T-1). Il se trouve sous pression pour concilier ces deux temporalités.

Divergences :

- **Stratégie à long terme (T+3)** : Les dirigeants souhaitent définir une vision stratégique pour l'avenir, en anticipant les technologies futures et en maximisant les bénéfices.

- **Implémentation immédiate (T-1)** : Les équipes techniques sont concentrées sur la mise en place concrète des solutions numériques à court terme, avec un besoin d'exécution rapide.

- **Adaptation au changement (T+1)** : Les employés doivent être formés aux nouveaux outils et processus, ce qui nécessite une phase de transition.

Utilisation de la Vision Miroir :

Le consultant peut utiliser la Vision Miroir pour aider les dirigeants à comprendre les contraintes immédiates de l'équipe technique (T-1) et vice versa. Cela leur permet de voir le projet à travers l'objectif de l'autre, et ainsi d'ajuster les attentes.

Recours au Groupe de Sublimation :

Le consultant peut former un **groupe transversal** composé de membres de la direction (T+3), de l'équipe technique (T-1) et des ressources humaines (T+1) pour assurer que la stratégie de transformation digitale est bien alignée avec les capacités techniques et la formation des employés. Cela permet de garantir une transition fluide.

En tant que professeur de lycée ou de haute école, comment puis-je harmoniser mes tâches quotidiennes, la planification pédagogique et mes projets d'innovation ou de recherche ?

Pour un **professeur de lycée ou de haute école**, les divergences temporelles entre les rôles peuvent également être significatives, notamment entre l'enseignement quotidien (T0), la planification pédagogique à moyen terme (T+1), et la contribution à la recherche ou aux innovations pédagogiques (T-2). Voici comment ces divergences se manifestent, et comment la **Vision Miroir** et les **Groupes de Sublimation** peuvent aider :

1. Problème :

Un professeur doit jongler entre des tâches à court terme, comme la gestion des cours quotidiens et les évaluations, tout en planifiant le développement pédagogique des étudiants sur le long terme. En même temps, il est parfois impliqué dans des projets d'amélioration de l'enseignement ou de la recherche pédagogique, ce qui exige de prendre du recul par rapport aux contraintes quotidiennes.

Divergences :

- **Tâches quotidiennes (T0)** : Le professeur doit gérer les cours, les préparations, les devoirs, les évaluations et les interactions avec les étudiants. Il y a une pression immédiate pour enseigner efficacement et répondre aux besoins des élèves dans l'instant.

- **Planification pédagogique (T+1)** : Parallèlement, le professeur doit planifier les objectifs pédagogiques pour le semestre ou l'année, en réfléchissant à la progression des élèves, aux examens, et à l'acquisition des compétences.

- **Innovation ou recherche pédagogique (T-2)** : Dans certains cas, un professeur peut être impliqué dans des projets de recherche pédagogique ou d'innovation dans l'enseignement, où il doit anticiper les évolutions à long terme de l'éducation, en intégrant de nouvelles méthodes ou technologies.

2. Utilisation de la Vision Miroir :

La **Vision Miroir** permet au professeur de comprendre les divergences entre ses propres responsabilités à court et long terme, ainsi que les attentes de ses étudiants, de l'administration scolaire, et de la communauté académique.

- **T0 (Tâches quotidiennes)** : Lorsqu'il doit gérer la classe et enseigner quotidiennement, il peut percevoir cette temporalité comme un cycle continu de réponses immédiates, mais la **Vision Miroir** lui permet de se rappeler que ces tâches s'inscrivent dans un objectif pédagogique plus vaste (T+1).

- **T+1 (Planification)** : Pour mieux relier les tâches quotidiennes à l'évolution à long terme des élèves, la **Vision Miroir** aide à comprendre comment chaque activité, cours ou évaluation contribue à un développement pédagogique plus large.

- **T-2 (Innovation)** : Lorsqu'il participe à des projets d'innovation ou de recherche, la **Vision Miroir** permet au professeur de rester connecté à la réalité des besoins immédiats des élèves (T0), tout en intégrant des idées nouvelles qui amélioreront l'enseignement dans le futur.

3. Recours au Groupe de Sublimation :

Un **Groupe de Sublimation** dans un établissement scolaire ou universitaire pourrait inclure des professeurs, des responsables pédagogiques, des conseillers d'orientation, et des spécialistes de l'innovation pédagogique. Ce groupe aurait pour but d'harmoniser les différents besoins temporels (immédiats, moyens termes et à long terme) afin de favoriser l'innovation dans l'enseignement sans compromettre l'efficacité quotidienne.

Exemple d'application :

- **Pour l'enseignement quotidien (T0)** : Le groupe pourrait s'assurer que les enseignants disposent des outils pédagogiques adéquats pour répondre aux besoins immédiats des élèves tout en permettant une certaine flexibilité pour expérimenter des approches nouvelles.

- **Pour la planification pédagogique (T+1)** : Le groupe pourrait coordonner la progression pédagogique sur une année scolaire, en s'assurant que les objectifs sont atteints tout en introduisant des pratiques pédagogiques innovantes à des moments appropriés.

- **Pour l'innovation ou la recherche (T-2)** : Le groupe pourrait travailler sur des projets de recherche pédagogique, expérimenter de nouvelles méthodes d'enseignement, et intégrer des technologies émergentes dans la salle de classe tout en évaluant leur impact à long terme sur les étudiants.

Conclusion :

En tant que professeur, les divergences temporelles peuvent être une source de stress si elles ne sont pas bien gérées. En utilisant la **Vision Miroir**, tu peux comprendre comment chaque temporalité se nourrit des autres, et comment harmoniser tes tâches quotidiennes avec les objectifs pédagogiques à long terme. En recourant à un **Groupe de Sublimation**, tu pourrais travailler avec d'autres membres de la communauté éducative pour équilibrer les besoins immédiats de l'enseignement avec les exigences de la planification et de l'innovation pédagogique.

> En tant que Medical Liaison Scientist (MLS), comment puis-je équilibrer mes activités quotidiennes, la communication avec les équipes de recherche et le soutien stratégique aux équipes commerciales ?

Pour un **MLS (Medical Liaison Scientist)** dans le secteur pharmaceutique, les divergences temporelles peuvent être particulièrement marquées en raison des différentes responsabilités liées à la recherche clinique (T-3), à l'éducation et à la formation médicale (T+1), ainsi qu'à la gestion des relations avec les professionnels de santé sur le terrain (T0). Voici comment ces divergences se manifestent et comment la **Vision Miroir** et les **Groupes de Sublimation** peuvent être appliqués pour améliorer la gestion de ces différences.

1. Problème :

Un MLS doit jongler entre plusieurs temporalités différentes, notamment :

- **Tâches immédiates (T0)** comme répondre aux questions cliniques et techniques des professionnels de santé.

- **Recherche scientifique et études cliniques (T-3)**, où les projets peuvent prendre des années avant de produire des résultats significatifs.

- **Formation et éducation médicale (T+1)**, pour assurer que les nouvelles données scientifiques sont bien comprises et appliquées par les professionnels de santé.

Divergences :

- **Tâches immédiates (T0)** : En tant que MLS, tu es souvent sollicité pour répondre aux besoins immédiats des professionnels de santé, qu'il s'agisse d'informations sur des médicaments, d'études cliniques en cours, ou de nouvelles données scientifiques. Ces demandes nécessitent une disponibilité instantanée et une réactivité à court terme.

- **Recherche scientifique (T-3)** : Les projets de recherche et d'études cliniques auxquels tu participes peuvent avoir un horizon à très long terme. Il peut s'écouler plusieurs années avant de voir les résultats de ces études, ce qui crée une tension entre les besoins immédiats des médecins et l'évolution scientifique à long terme.

- **Formation et éducation médicale (T+1)** : En parallèle, tu joues également un rôle clé dans la formation des professionnels de santé. Cette tâche consiste à s'assurer que les médecins, pharmaciens et autres professionnels sont bien informés et préparés à intégrer les nouvelles données scientifiques dans leur pratique quotidienne. L'horizon est à moyen terme, avec une importance sur la transmission de savoirs qui auront un impact sur la santé publique.

2. Utilisation de la Vision Miroir :

La **Vision Miroir** peut être utilisée par un MLS pour mieux comprendre les attentes et les temporalités des différents acteurs avec lesquels il travaille, et ainsi harmoniser les réponses et actions en fonction des besoins à court, moyen et long terme.

- **T0 (Tâches immédiates)** : Les professionnels de santé attendent souvent des réponses immédiates pour traiter des patients ou prendre des décisions thérapeutiques. La **Vision Miroir** te permet de voir à travers leur prisme temporel, en comprenant l'urgence et l'importance de ces informations pour leur travail clinique quotidien.

- **T-3 (Recherche)** : En tant que MLS impliqué dans la recherche clinique, tu dois aussi comprendre que certaines de tes actions actuelles n'auront des impacts qu'à long terme. La **Vision Miroir** te permet de garder en tête ces différentes échelles temporelles et de concilier les attentes immédiates des praticiens avec les résultats plus lents de la recherche scientifique.

- **T+1 (Formation)** : L'aspect éducationnel du MLS est aussi crucial. En utilisant la **Vision Miroir**, tu peux voir comment ta formation impacte la pratique médicale à moyen terme. Cela te permet de structurer les formations pour répondre à des besoins anticipés, en intégrant à la fois les résultats des études récentes et les innovations à venir.

3. Recours au Groupe de Sublimation :

Les **Groupes de Sublimation** sont particulièrement efficaces dans un secteur aussi complexe que le pharmaceutique, où les temporalités des équipes de recherche, des professionnels de santé et des départements marketing et commerciaux peuvent entrer en conflit.

Exemple d'application :

- **T-3 (Recherche clinique)** : Le MLS peut collaborer avec les équipes de recherche et développement pour comprendre les résultats des études en cours et anticiper comment ces résultats impacteront les médecins dans les années à venir.

- **T+1 (Formation)** : Le MLS peut également collaborer avec des équipes de formation médicale pour s'assurer que les professionnels de santé sont bien préparés à intégrer ces résultats dans leur pratique quotidienne, en anticipant les besoins de formation.

- **T0 (Relations avec les professionnels de santé)** : Le MLS peut inclure des représentants des professionnels de santé dans le groupe de sublimation pour s'assurer que leurs besoins immédiats sont pris en compte dans la planification des recherches futures et des programmes de formation.

Bénéfices :

- Le **Groupe de Sublimation** permet d'aligner les différentes temporalités en combinant les besoins des chercheurs (long terme), des formateurs (moyen terme), et des professionnels de santé (court terme). Cela aide à éviter les décalages dans la communication et à garantir que les résultats scientifiques soient utilisés de manière optimale en pratique clinique.

Conclusion :

En tant que **MLS dans le secteur pharmaceutique**, tu fais face à des divergences temporelles importantes entre les besoins immédiats des médecins (T0), les études cliniques à long terme (T-3), et les programmes de formation (T+1). Utiliser la **Vision Miroir** te permet d'anticiper ces différentes attentes et de mieux harmoniser ton travail. En créant un **Groupe de Sublimation**, tu peux réunir les acteurs clés de chaque temporalité pour collaborer plus efficacement et garantir que les découvertes scientifiques sont bien intégrées dans la pratique médicale.

Cela te permet de gérer ces divergences plus sereinement et de maximiser ton impact à la fois dans le présent, à moyen terme, et dans le futur de la médecine.

En tant que Medical Affairs Manager (MAM), comment puis-je harmoniser mes responsabilités de gestion quotidienne, de collaboration avec les équipes cliniques, et de soutien stratégique aux initiatives de l'entreprise ?

Pour un **MAM (Medical Affairs Manager)** dans le secteur pharmaceutique, les divergences temporelles peuvent apparaître en raison de la nécessité de concilier plusieurs rôles : gestion des relations avec les parties prenantes à court terme (T0), développement de stratégies médicales à moyen terme (T+1), et anticipation des résultats de la recherche clinique à long terme (T-3). Voici comment ces divergences se manifestent et comment la **Vision Miroir** et les **Groupes de Sublimation** peuvent être utilisés pour harmoniser ces différents aspects.

1. Problème :

Un MAM est responsable de gérer plusieurs aspects complexes dans l'industrie pharmaceutique, notamment les relations avec les professionnels de santé, la validation scientifique des produits, et le respect des régulations à court et moyen terme, tout en restant en phase avec les innovations et recherches médicales à long terme.

Divergences :

- **Relations à court terme (T0)** : Le MAM est souvent sollicité pour fournir des informations scientifiques immédiates aux professionnels de santé et aux parties prenantes externes. Cela inclut des réponses rapides concernant les produits, les études en cours ou des questions relatives à la sécurité des médicaments.

- **Stratégies médicales à moyen terme (T+1)** : En parallèle, le MAM doit élaborer et mettre en œuvre des stratégies médicales qui auront un impact dans les mois ou années à venir. Cela implique la planification des études de phase IV, la gestion des publications scientifiques, et l'élaboration de stratégies pour soutenir la commercialisation des produits sur le marché.

- **Recherche clinique à long terme (T-3)** : Le MAM doit également suivre et comprendre les résultats des études de recherche clinique en cours ou à venir, anticipant leur impact potentiel sur les produits existants ou futurs. Les résultats de ces études peuvent prendre des années avant d'influencer les décisions.

2. Utilisation de la Vision Miroir :

La **Vision Miroir** permet au MAM de comprendre les différents horizons temporels et les attentes des différents acteurs de l'industrie pharmaceutique, et d'ajuster son approche en conséquence.

- **T0 (Relations à court terme)** : Lorsque le MAM est sollicité pour fournir des réponses rapides aux médecins ou aux autorités de régulation, la **Vision Miroir** l'aide à comprendre leur besoin de réponses immédiates, tout en s'assurant que les informations fournies sont scientifiquement rigoureuses et basées sur des études cliniques (T-3). Cela permet de trouver un équilibre entre l'urgence des demandes immédiates et la qualité des informations médicales.

- **T+1 (Stratégies à moyen terme)** : Le MAM peut utiliser la **Vision Miroir** pour comprendre comment les stratégies médicales qu'il élabore auront un impact sur la pratique clinique et la commercialisation des produits dans les mois ou années à venir. Il peut anticiper les besoins en éducation ou en communication scientifique pour mieux soutenir les lancements de produits.

- **T-3 (Recherche clinique)** : La **Vision Miroir** permet au MAM de voir comment les études en cours, qui peuvent sembler éloignées de l'impact immédiat, auront des répercussions à long terme sur la sécurité, l'efficacité, et la perception des produits sur le marché. Cette perspective à long terme l'aide à orienter ses stratégies actuelles.

3. Recours au Groupe de Sublimation :

Les **Groupes de Sublimation** sont particulièrement efficaces dans le secteur pharmaceutique, où les temporalités des équipes de développement, de régulation, de marketing, et des affaires médicales peuvent être divergentes. Un tel groupe permet de s'assurer que toutes les temporalités sont prises en compte dans les stratégies médicales et commerciales.

Exemple d'application :

- **T0 (Relations à court terme)** : Le MAM peut collaborer avec les équipes de marketing et de vente pour s'assurer que les informations fournies aux médecins et aux pharmaciens sont précises et en phase avec les attentes réglementaires et scientifiques.

- **T+1 (Stratégie médicale)** : Un **groupe de sublimation** peut inclure les membres des affaires médicales, de la recherche clinique, et du marketing pour élaborer des stratégies à moyen terme, en anticipant les besoins du marché et les nouvelles publications médicales.

- **T-3 (Recherche clinique)** : Le MAM peut travailler avec les équipes de recherche et développement pour s'assurer que les résultats des études à long terme sont communiqués efficacement aux professionnels de santé, tout en intégrant ces données dans la stratégie médicale globale.

Bénéfices :

- En formant un **groupe de sublimation**, le MAM peut aligner les attentes à court terme des professionnels de santé et des autorités réglementaires avec les résultats de la recherche clinique à long terme et les stratégies commerciales. Cela permet d'éviter les décalages dans la communication et de garantir que les produits et leurs bénéfices sont bien compris par toutes les parties prenantes.

Conclusion :

Pour un **MAM dans le secteur pharmaceutique**, il est crucial de jongler entre les demandes immédiates des professionnels de santé (T0), l'élaboration de stratégies médicales (T+1), et l'anticipation des résultats à long terme des études cliniques (T-3). La **Vision Miroir** permet au MAM de comprendre et d'harmoniser ces temporalités divergentes, tout en s'assurant que les stratégies à court et moyen terme sont alignées avec les résultats scientifiques. En recourant à un **Groupe de Sublimation**, le MAM peut intégrer différentes perspectives et ainsi mieux gérer les attentes des différentes parties prenantes.

Cela permet de mieux équilibrer les exigences immédiates et les impacts futurs de ses décisions, en s'assurant que les stratégies médicales sont à la fois efficaces à court terme et soutenues par des données solides à long terme.

Comment un responsable de recherche peut-il concilier les exigences scientifiques à long terme avec les attentes commerciales immédiates lors de la sélection des dossiers pour homologation ?

En tant que **responsable de recherche dans un centre de recherche agréé**, tu es confronté à des divergences temporelles et d'objectifs lorsque tu participes à la sélection de dossiers pour homologation et débats avec les porteurs de projets d'entreprises commerciales. Comment gérer ces divergences pour garantir à la fois rigueur scientifique et satisfaction des attentes commerciales ?

1. Quels sont les divergences temporelles entre la recherche et les attentes commerciales ?

Les divergences se manifestent principalement dans trois temporalités :

- **T-3 (Recherche scientifique à long terme)** : En tant que responsable de recherche, tu te concentres sur la rigueur scientifique et la viabilité à long terme des projets. Il est crucial de t'assurer que les projets soumis respectent des critères scientifiques stricts et apportent des innovations durables, ce qui demande souvent beaucoup de temps.

- **T+1 (Validation et homologation à moyen terme)** : La sélection des dossiers pour homologation t'implique dans une évaluation des projets à moyen terme, visant à s'assurer qu'ils sont conformes aux normes de régulation. Il s'agit d'analyser les impacts futurs des innovations sur les secteurs concernés.

- **T0 (Exigences commerciales à court terme)** : Les porteurs de projets, souvent issus d'entreprises commerciales, sont focalisés sur la mise en marché rapide de leurs innovations. Ils souhaitent des résultats immédiats et des validations rapides pour se positionner sur le marché, ce qui peut créer des tensions face à la rigueur scientifique requise.

2. Comment utiliser la Vision Miroir pour mieux gérer ces divergences ?

La **Vision Miroir** te permet de comprendre les différents horizons temporels et de mieux harmoniser tes actions avec les attentes des autres acteurs impliqués.

- **T0 (Exigences commerciales)** : Les entreprises cherchent des validations rapides. En utilisant la Vision Miroir, tu peux voir à travers leur prisme temporel et comprendre leurs besoins immédiats, tout en leur expliquant l'importance de la rigueur scientifique dans l'homologation, même si cela prend du temps.

- **T+1 (Validation et homologation)** : La Vision Miroir te permet de montrer aux entreprises que la validation scientifique n'est pas une simple formalité, mais un processus qui garantit la qualité et la crédibilité à long terme de leurs projets. Cela aide à faire comprendre pourquoi les délais sont nécessaires.

- **T-3 (Recherche scientifique)** : Grâce à la Vision Miroir, tu peux maintenir un équilibre entre ton horizon scientifique à long terme et les attentes commerciales. Cela te permet d'intégrer l'innovation dans une perspective à long terme, tout en répondant aux exigences immédiates des entreprises.

3. Comment les Groupes de Sublimation peuvent-ils aider à concilier ces différences ?

Un **Groupe de Sublimation** peut faciliter la collaboration entre les différentes parties prenantes en harmonisant les attentes scientifiques et commerciales.

- **T0 (Exigences commerciales)** : En intégrant des représentants des entreprises commerciales dans le groupe, tu peux mieux comprendre leurs besoins de validation rapide et ajuster les processus pour qu'ils soient plus flexibles sans compromettre la rigueur scientifique.

- **T+1 (Validation et homologation)** : Le groupe peut inclure des experts en régulation pour clarifier les étapes du processus d'homologation et les critères à respecter. Cela aide les entreprises à anticiper les obstacles et à mieux comprendre les raisons des délais.

- **T-3 (Recherche scientifique)** : En incluant des chercheurs dans le groupe, tu assures que les entreprises intègrent les exigences de la recherche à long terme dès le début de leurs projets, ce qui améliore la collaboration et réduit les tensions liées aux attentes différentes.

Conclusion :

En tant que **responsable de recherche**, la question que tu te poses est : comment concilier la rigueur scientifique à long terme avec les attentes commerciales immédiates ? La **Vision Miroir** et les **Groupes de Sublimation** offrent des solutions pour mieux comprendre les temporalités divergentes et harmoniser les objectifs. Cela permet de réduire les tensions lors de la sélection des dossiers et d'améliorer la collaboration entre les centres de recherche et les entreprises commerciales, tout en garantissant des résultats durables et innovants.

Glossaire des Termes Clés

1. **Temporalité interdisciplinaire** : Concept clé de l'ouvrage, la temporalité interdisciplinaire se réfère à l'harmonisation des différentes échelles de temps au sein d'une organisation. Chaque département ou équipe fonctionne selon une temporalité propre (court, moyen, ou long terme), et il est crucial de synchroniser ces temporalités pour favoriser la collaboration et éviter les conflits.

2. **T-3 à T+3** : Une échelle temporelle utilisée dans l'ouvrage pour classifier les différentes étapes du cycle de vie d'un projet ou d'une organisation. Elle s'étend de T-3 (long terme, Recherche & Développement) à T+3 (long terme commercial ou planification stratégique). Les étapes intermédiaires (T0, T+1, etc.) correspondent à des horizons plus courts, comme les activités de production ou de commercialisation immédiate.

3. **T-3 (Recherche et Développement)** : Représente la vision à long terme. Il s'agit des équipes qui anticipent les technologies futures et développent des innovations qui ne verront le jour que dans plusieurs années.
Exemple : Les ingénieurs d'Apple qui ont conçu les premiers prototypes de l'iPhone bien avant son lancement.

4. **T-2 (Incubateur)** : Phase d'expérimentation et de validation des concepts. Ici, les idées innovantes sont testées et transformées en prototypes concrets.
Exemple : Les équipes de Tesla qui testent de nouvelles batteries pour augmenter l'autonomie de leurs véhicules.

5. **T-1 (Service Technique)** : Phase de mise en œuvre et de production. Les équipes techniques transforment les idées validées en produits finis, en respectant les contraintes de temps et de qualité.
Exemple : Les ingénieurs de production chez BMW qui conçoivent les lignes de montage pour assembler les véhicules.

6. **T0 (Marketing)** : Temporalité centrée sur le présent immédiat. Les équipes marketing répondent aux besoins actuels du marché et gèrent les campagnes promotionnelles en temps réel.
Exemple : L'équipe marketing de Nike qui ajuste ses campagnes en fonction des dernières tendances.

7. **T+1 (Formation et Développement des Compétences)** : Orientation vers la transmission des compétences et l'adaptation aux besoins futurs. Il s'agit de former les équipes internes et les clients pour qu'ils maîtrisent les outils et produits à venir.
Exemple : Les formateurs de Multios qui préparent les employés aux nouvelles technologies en développement.

8. **T+2 (Vente et Relation Client)** : Focus sur la relation commerciale à court et moyen terme. Les équipes de vente se concentrent sur la conversion des prospects en clients et la satisfaction de la clientèle.
Exemple : Les commerciaux de DEF Services qui négocient des contrats avec de nouveaux clients et assurent le suivi des comptes existants.

9. **T+3 (Planification Stratégique Commerciale)** : Vision à long terme. Les directeurs commerciaux et stratégiques définissent les grandes orientations de l'entreprise sur plusieurs années, en identifiant les tendances émergentes et en planifiant la croissance.
Exemple : Le directeur commercial de DEF Services qui planifie l'expansion de l'entreprise sur le marché international.

10. **Carrousel Temporel** : Métaphore décrivant la nature cyclique et interconnectée des différentes temporalités au sein d'une organisation. Plutôt que d'avancer sur une ligne droite, les équipes évoluent comme sur un carrousel, chaque temporalité influençant les autres en permanence.

11. **Prisme Temporel Statique** : Représentation statique des temporalités où les différentes équipes semblent avancer à des vitesses différentes. Ce modèle aide à comprendre que ce ne sont pas les équipes qui ralentissent ou accélèrent, mais que leurs actions et priorités sont perçues différemment en fonction de leur rôle dans l'organisation.

12. **Réunions de Synchronisation :** Rencontres régulières entre les équipes de différentes temporalités pour partager leurs priorités, leurs contraintes et aligner leurs actions. Elles permettent d'éviter les conflits liés à des décalages temporels.

13. **Tableaux de Visualisation des Priorités :** Outils visuels, comme le tableau Kanban, permettant de visualiser les priorités des différentes équipes en un coup d'œil. Ces outils facilitent l'identification des chevauchements entre tâches à court et à long terme.

14. **Empathie Temporelle :** Concept encourageant les équipes à comprendre et respecter les contraintes temporelles des autres départements. Il s'agit de développer une culture de collaboration basée sur la reconnaissance des besoins spécifiques de chaque temporalité.

15. **Vision Miroir** : La Vision Miroir est un outil d'audit temporel qui permet aux équipes de s'auto-évaluer et de synchroniser leurs actions en fonction des temporalités passées, présentes et futures. Cet outil aide à identifier les écarts entre les prévisions et les résultats obtenus, et à proposer des ajustements pour améliorer la gestion des temporalités.

16. **Groupes de sublimation** : Ce terme désigne des équipes spécialement constituées pour maximiser l'efficacité et l'innovation. Les membres des groupes de sublimation sont sélectionnés en fonction de leurs compétences, de leurs temporalités respectives, et de leur capacité à collaborer de manière fluide pour résoudre des problèmes complexes ou atteindre des objectifs spécifiques.

17. **IA Générative** : Une technologie d'intelligence artificielle capable de produire du contenu, des scénarios ou des solutions basées sur des données existantes. Dans le contexte de la gestion des temporalités, l'IA générative est utilisée pour proposer des ajustements automatiques dans les processus de planification ou pour créer des prévisions basées sur les tendances futures.

18. **IA Prédictive** : Technologie qui anticipe les besoins futurs d'une organisation en se basant sur l'analyse de données historiques et de tendances. Dans le cadre de la gestion des temporalités, l'IA prédictive est

utilisée pour ajuster les priorités et les ressources en fonction des fluctuations du marché ou des cycles de production.

19. **Collaboration augmentée** : Un mode de collaboration amplifié par l'utilisation de technologies avancées, telles que la réalité virtuelle ou des plateformes de communication instantanée. La collaboration augmentée permet aux équipes de synchroniser leurs temporalités et de travailler ensemble en temps réel, indépendamment de leur emplacement géographique ou de leur horizon temporel.

20. **Automatisation des temporalités** : Processus par lequel l'intelligence artificielle ou d'autres technologies prennent en charge la gestion des flux de travail, l'allocation des ressources et la planification des équipes en fonction des temporalités (T-3 à T+3). L'automatisation renforce l'efficacité, en prenant en compte les compétences et les contraintes des différentes équipes.

21. **Temporalités flexibles et adaptatives** : Concept selon lequel les temporalités au sein des organisations ne sont plus rigides, mais ajustables en fonction des besoins changeants du marché ou des projets. Grâce à l'IA et à l'automatisation, les temporalités peuvent être modifiées en temps réel pour réagir aux imprévus ou aux nouvelles priorités.

Résumé détaillé du livre "La Temporalité Interdisciplinaire"

Écrit par Eric Baroni, ce livre explore le concept de **Temporalité interdisciplinaire** et son impact essentiel sur les entreprises modernes. Il met en lumière les défis de communication et de collaboration entre équipes opérant selon des rythmes et des horizons temporels différents.

Le défi des temporalités divergentes

Le livre souligne que chaque département ou fonction au sein d'une entreprise possède sa propre "temporalité" : une perception du temps qui influence sa façon de travailler, de planifier et d'évaluer les résultats.

Par exemple, les équipes de recherche et développement (R&D) se projettent souvent sur un horizon à long terme (**T-3**), tandis que les équipes commerciales se concentrent sur des objectifs à court terme (**T+3**). Entre ces deux extrêmes se trouvent des temporalités intermédiaires comme **T-1** (technique) et **T0** (marketing), illustrant la diversité des rythmes au sein d'une même organisation.

Le livre met en garde contre les **risques de conflits et de dysfonctionnements** lorsque ces temporalités ne sont pas synchronisées.

L'échelle de temporalité (T-3 à T+3)

Le livre propose une **échelle de temporalité** allant de **T-3** à **T+3** pour classer les différentes étapes du cycle de vie d'un projet ou d'une organisation :

- **T-3 (Recherche et Développement)** : Vision à long terme, exploration de nouvelles technologies et innovations qui impacteront le marché dans plusieurs années.

- **T-2 (Incubateur)** : Expérimentation et validation de concepts innovants, création de prototypes et tests de faisabilité.

- **T-1 (Service Technique)** : Mise en œuvre concrète, production et réalisation des projets techniques en respectant les délais et les spécifications.

- **T0 (Marketing)** : Temporalité du présent immédiat, réponse aux demandes actuelles du marché, gestion des campagnes promotionnelles en temps réel.

- **T+1 (Formation et Développement des Compétences)** : Transmission des compétences et adaptation aux besoins futurs, formation des équipes internes et des clients aux nouveaux outils et technologies.

- **T+2 (Vente et Relation Client)** : Focus sur la relation commerciale, conversion des prospects en clients, satisfaction et fidélisation de la clientèle.

- **T+3 (Planification Stratégique Commerciale)** : Vision à long terme, définition des grandes orientations de l'entreprise sur plusieurs années, anticipation des tendances émergentes, planification de la croissance.

Outils et stratégies pour synchroniser les temporalités

Le livre propose divers outils et stratégies pour **harmoniser les temporalités divergentes** et favoriser une collaboration plus efficace au sein des entreprises.

- **Vision Miroir** : Un processus d'auto-évaluation permettant aux équipes de visualiser leurs actions passées, présentes et futures, et de les aligner sur les objectifs globaux de l'entreprise. L'exemple de l'entreprise "FabriCo" illustre comment la Vision Miroir a permis d'identifier des goulots d'étranglement dans la production (T-1) et de les résoudre en synchronisant les prévisions de vente (T+3) avec les capacités de production.

- **Groupes de Sublimation** : Des équipes transversales composées de membres de différents départements et temporalités, qui collaborent pour trouver des solutions innovantes en combinant leurs perspectives et compétences.

- **Réunions de Synchronisation** : Des rencontres régulières entre équipes aux temporalités différentes pour partager leurs priorités, leurs contraintes, et aligner leurs actions.

- **Tableaux de Visualisation des Priorités** : Des outils visuels, comme le tableau Kanban, pour afficher les priorités de chaque équipe et faciliter la communication.

- **Empathie Temporelle** : Encourager une culture de compréhension et de respect des contraintes temporelles des autres équipes.

- **Outils Informatiques** : Logiciels de gestion de projets, plateformes collaboratives et tableaux de bord analytiques pour centraliser les informations, visualiser les priorités et anticiper les défis.

L'influence de la culture d'entreprise

Le livre souligne l'importance de la **culture d'entreprise** dans la gestion des temporalités. Une culture qui valorise la collaboration interdisciplinaire, la transparence et la communication ouverte facilite l'alignement des temporalités. Des entreprises comme Google et Ecosteryl sont citées comme exemples d'organisations ayant réussi à créer des cultures axées sur l'intégration des temporalités.

L'impact des technologies et de l'IA

Le livre explore le rôle croissant des **technologies avancées** dans la gestion des temporalités, en particulier l'impact de l'**intelligence artificielle (IA)**. L'IA pourrait permettre :

- L'automatisation de certaines tâches de gestion des temporalités, libérant du temps pour les équipes.
- L'analyse prédictive pour anticiper les besoins futurs et ajuster les priorités en temps réel.
- La création de tableaux de bord intelligents et autonomes pour suivre les performances et identifier les points de friction entre temporalités.

La temporalité extrasociétale et la convergence temporelle

Le livre élargit la notion de temporalité interdisciplinaire en introduisant le concept de **temporalité extrasociétale**, qui prend en compte les interactions de l'entreprise avec son écosystème externe (centres de recherche, pôles de compétitivité, institutions publiques, etc.).

La **convergence temporelle** est présentée comme un cadre pour synchroniser les actions de l'entreprise avec celles de son environnement, en s'appuyant sur les principes de la Vision Miroir et des Groupes de Sublimation.

Temporalité et enjeux de durabilité (CSRD)

Le livre explore la pertinence de la temporalité interdisciplinaire pour répondre aux exigences de la directive **CSRD (Corporate Sustainability Reporting Directive)**, notamment dans les domaines de la gouvernance et de la responsabilité sociale. En intégrant les outils de la temporalité interdisciplinaire, les entreprises peuvent :

- **Analyser leurs pratiques sociales** et les ajuster aux attentes sociétales.
- **Concevoir des processus de gouvernance** qui intègrent des perspectives temporelles diverses.
- **Aligner leurs pratiques** avec celles de leurs partenaires externes pour créer un écosystème plus harmonieux et transparent.

Conclusion : La Temporalité Interdisciplinaire, un pilier pour l'avenir

"La Temporalité Interdisciplinaire" propose une vision novatrice de la gestion du temps en entreprise, en offrant des outils concrets et des concepts puissants pour relever les défis d'un monde en constante évolution.

Le livre encourage les entreprises à :

- Adopter une approche proactive pour synchroniser les temporalités.
- Créer des environnements de travail plus collaboratifs et performants.
- Intégrer les principes de la durabilité dans leurs stratégies.

En conclusion, "La Temporalité Interdisciplinaire" est une ressource essentielle pour les dirigeants, managers et professionnels qui cherchent à améliorer la performance de leurs organisations et à les préparer à un avenir plus durable et harmonieux.

Conclusion

Dans un monde en perpétuel changement, l'ouvrage "La Temporalité Interdisciplinaire" d'Eric Baroni propose un concept crucial pour la réussite des entreprises : la synchronisation proactive des différentes échelles de temps au sein d'une organisation et dans ses interactions avec l'écosystème externe. En apprenant à reconnaître et gérer ces temporalités, les entreprises peuvent non seulement améliorer leur efficacité et agilité, mais aussi contribuer à un avenir plus durable et inclusif.

Cet ouvrage démontre que la temporalité interdisciplinaire n'est pas seulement une nouvelle approche de la gestion du temps, mais un véritable changement de paradigme dans la manière de concevoir la collaboration, la communication et l'innovation. En adoptant les outils et concepts présentés, tels que la Vision Miroir, les groupes de sublimation, les réunions de synchronisation et l'empathie temporelle, les entreprises peuvent transformer leurs processus internes et créer un environnement de travail plus harmonieux et performant.

L'intégration de technologies avancées, notamment de l'intelligence artificielle, ouvre des perspectives prometteuses pour automatiser certaines tâches, anticiper les besoins futurs et optimiser les flux de travail. Cependant, l'ouvrage met en garde contre une dépendance excessive à la technologie et insiste sur la nécessité d'une supervision humaine pour garantir une utilisation éthique et responsable de l'IA.

Au-delà des frontières internes, le concept de **temporalité extrasociétale** souligne l'importance pour les entreprises de synchroniser leurs actions avec celles de leur écosystème, comprenant centres de recherche, pôles de compétitivité et institutions publiques. En favorisant cette **convergence temporelle**, les entreprises peuvent créer des collaborations durables et relever les défis contemporains en matière de durabilité et de compétitivité.

L'ouvrage met également en évidence l'applicabilité de la temporalité interdisciplinaire dans le cadre de la directive **CSRD (Corporate Sustainability Reporting Directive)**. En intégrant cette approche dans leurs stratégies ESG, les entreprises peuvent structurer leurs actions pour maximiser leur impact social et environnemental, répondant ainsi aux attentes de leurs parties prenantes.

En conclusion, "La Temporalité Interdisciplinaire" d'Eric Baroni est un appel à l'action pour les dirigeants, managers et professionnels engagés à transformer leurs organisations face aux défis de demain. En adoptant une gestion proactive des temporalités, les entreprises non seulement optimisent leur performance, mais jouent un rôle dans la construction d'un monde plus harmonieux, équitable et durable.